MW00639791

조정민의 **twitter** · **facebook** 잠언록 2

인생은 선물이다

조정민
지음

두란노

인생은
누군가의
선물입니다

《사람이 선물이다》라는 책 제목도 책의 형식과 내용도… 어느 것 하나 제가 원했던 것이 아닙니다. 책을 꼭 써야 한다면 써보고 싶은 주제가 따로 있었지만 바쁜 일상 속에 스치듯 지나가고 말았습니다. 트위터에 입문하면서도 100자 안팎의 글이 책이 되리라고는 기대하지 않았습니다. 누군가 책을 내도록 권했을 때도 고개를 저었습니다. 일생 처음 출간하는 책이 이런 책은 아닌데… 트위터 잠언록이라는 부제도 마음 편치 않았고, 책장을 넘길 때마다 눈에 띄는 여백도 부담이었습니다. 그러나 책의 쓰임새는 제 생각과 달랐고, 뜻밖에 많은 분이 격려해 주셨습니다. "힘이 되었습니다", "통찰력을 얻었습니다", "친구에게 선물했는데 기뻐했습니다", "가족들과 책 얘기를 나눕니다"… 그 말들을 들으면서 '아! 책은 또 다른 독자를 잉태하는구나!' 생각했습니다. 그러므로 두 번째 책《인생은 선물이다》는 거꾸로 독자 여러분이 제게 안겨 준 선물입니다.

트위터와 페이스북이라는 SNS 광장을 돌아다니면서, 또 광장의 메시지 이삭으로 묶은 책을 통해서 확인하는 것은 우리 시대의 여전한 목마름입니다. 메시지는 갈수록 범람하지만 물밀듯 밀려드는 그 메시지가 오히려 마음을 힘들게 하고 움츠러들게 합니다. 그 많은 메시지가 사람에게 힘을 주고 사람을 일으켜 세우고 사람에게 생명을 부어 주지 못하기 때문입니다. 사람을 품고 사람을 위해 기도하고 사람을 사랑하고 사람을 위해 눈물짓는 생명의 메시지가 턱없이 부족한 때문입니다. 이 시대는 어느 때보다 사랑을 갈망하면서도 사랑 아닌 것들에 온 힘을 쏟고, 생명을 갈망하면서도 생명 아닌 것들에 죽을힘을 다합니다. 그렇게 목말라 스러져가는 수많은 삶을 봅니다. 왜 이토록 목마른 것일까. 왜 이다지도 거칠고 황량해진 것일까. 나로부터 시작되지 않은 인생을 내가 시작한 것으로 여기기 때문입니다.

우리의 인생은 선물입니다. 인생의 출발점이 내가 아닙니다. 인생은 누군가의 선물로 시작된 것입니다. 나 가까이 있는 사람들, 나 주위에 오래 머무르는 사람들, 나와 평생 뜻을 함께하는 사람들이 모두 소중한 선물이듯, 인생 전체가 내가 받은 선물입니다. 선물은 뇌물이 아닙니다. 뇌물은 더 큰 반대급부의 요구가 담겼지만 선물은 아무것도 요구하지 않습니다. 인생은 사실 우리 자신에게 아무것도 요구하거나 기대하지 않습니다. 그래서 인생의 본질은 자유이고 감사입니다. 그 감사, 그 감동, 그 감격의 삶은 결코 부담도, 의무도, 속박도 아닙니다. 그런데… 인생은 누구의 선물입니까. 그분을 만나면… 선물하신 분 안에서 흘러넘치는 기쁨까지도 선물로 받습니다.

책은 나올 때마다 산고를 겪습니다. 이 책은 제목 때문에 많은 얘기가 있었습니다. "사랑이 생명이다", "사람이 희망이다", "사람이 감동이다"… 저를 아껴 주시는 여러 분은 이렇게도 강권하셨습니다. "사람이 선물이다 2로 하세요." 고마운 의견 너무 감사 드리고, 다 들어 드리지 못해 죄송합니다. 오랜 고민 끝에 언제나 수고를 아끼지 않는 두란노 편집팀과 트위터, 페이스북 친구들의 의견을 묻고 결정에 따랐습니다.

페이지를 넘길 때마다 시선을 사로잡는 삽화는 김동연 형제의 헌신입니다. 늘 아들의 목소리에 목마른 어머님과 아직도 트윗을 못마땅하게 여기는 아내, 기도의 후원자가 된 두 아들이 산울처럼 버텨 주었기에 이 작은 책이 제게는 더욱 큰 선물입니다. 그 선물을 나눌 수 있도록 허락해 주신 아버지께 진심으로 감사 드립니다.

2012년 1월
CGNTV 이층 사무실에서
조정민

차례
Contents

01

사랑이
생명이다

Love

가족, 용서

1

사랑은 결코 실패하는 법이 없습니다.
사랑은 나를 먼저 살리기 때문입니다.

2

사랑할 줄 모르고 용서할 줄 모르고 배려할 줄 모르는 사람은
내가 먼저 사랑하고 용서하고 배려하는 수밖에 없습니다.
사랑은 언제나 내리사랑입니다.

3

하나부터 열까지 달라도 같이 살 수 있는 것은
오직 사랑하기 때문입니다.
한 가지만 달라도 못 견디는 것은
단지 사랑하지 않기 때문입니다.
사랑은 다름을 견디고 누리는 힘입니다.

4

사랑은 가치와 의미를 발효시키는 유일한 효소입니다.

5

정욕을 이기지 못하는 사랑, 탐욕을 이기지 못하는 사랑, 갈등을 이기지 못하는 사랑… 그런 사랑은 없습니다.

6

우리는 일생 헤아릴 수 없이 많은 사랑의 빚을 지고 삽니다. 다행히 갚으라는 독촉 없는 빚이고, 다 갚을 수도 없는 빚입니다. 그 빚이 얼마나 큰지 알면 날마다 감동하고, 모르면 날마다 메말라 갑니다.

7

참사랑은 참는 일로 시작됩니다. 참사랑은 오래 참아서 지속됩니다. 참사랑은 끝까지 참아서 완성됩니다. 진정 사랑하는 사람은 아무리 힘들어도 참을 수 있는 사람입니다.

8

사랑은 내가 기준이 아닙니다. 사랑은 내 이름이 중요해서는 할 수 없는 헌신입니다. 사랑은 내 경력이 중요해서는 할 수 없는 희생입니다. 사랑은 원래 나로부터 시작되지 않았습니다.

9

더 사랑하면 져 줄 수 있습니다. 더 사랑하면 나눌 수 있습니다. 더 사랑하면 대신 죽을 수 있습니다. 예수는 실제로 그랬습니다. 그 사랑을 알고 그 사랑에 젖고도 변하지 않았다면 기적입니다.

10

나를 사랑하는 사람이 다른 사람도 사랑합니다. 나 자신도 사랑할 줄 모르는데 내가 누구를 사랑하겠습니까. 건강한 자기사랑은 이기주의나 자기중심주의, 자아도취가 아니라 넉넉한 인간 이해와 포용입니다.

11

사람의 사랑으로는 부족합니다. 사람의 사랑으로는 목마릅니다. 사람 안에는 사람의 사랑으로 채워지지 않는 부분이 있습니다. 온 마음은 하나님만이 채울 수 있습니다.

12

"당신 나 사랑해?" 더 사랑하는 사람만이 묻는 질문입니다.
"당신 나 사랑해?" 질문이 아니라
당신을 정말 사랑한다는 고백입니다.

인생은 선물이다

사랑이 생명이다

13

사람을 사랑하려면 온 힘을 다해야 합니다.
미움은 애쓸 필요 없습니다.
오르막은 비지땀을 흘려야 하지만
내리막에 무슨 힘이 드나요?

14

"사랑이 식었습니다."
아닙니다.
사랑이 식은 것이 아닙니다.
바람처럼 부풀었다가 바람처럼 빠져나간 것은
사랑이 아니라 욕망입니다.
사랑은 영원히 꺼지지 않는 불입니다.

15

아무리 사랑하고 아무리 용서해도
제가 더 사랑받았고 더 용서받았습니다.
저는 사랑과 용서에 평생 빚진 자입니다.

16

사람들에게 알려지고 싶다, 인정받고 싶다,
대접받고 싶다는 욕구는 사실 사랑받고 싶다는 욕구입니다.
영혼은 오직 사랑으로만 해갈되기 때문입니다.

17

고통 없이 사랑할 수 있다고 믿는다면 일생 아무도 사랑할 수 없습니다. 나를 포기하는 것이 사랑임을 깨닫지 못한다면 일생 나 외에 누구도 사랑할 수 없습니다.

18

생명 속 깊은 공간은 진짜 사랑으로만 채워집니다. 가짜 사랑으로
는 병만 얻습니다. 병의 뿌리는 사랑 결핍인데 위약이 무슨 소용입
니까. 가짜 사랑의 덫을 조심하세요. 음란과 폭력, 중독은 다 사랑
결핍증이 부른 덫입니다.

19

당신은 사랑받기 위해 태어난 사람입니다. 맞습니다. 그러나 언제
까지 받기만 하시겠어요. 어느 순간부터 우리는 누군가를 사랑하
기 시작합니다. 사랑받은 사람은 반드시 누군가를 사랑하게 되니
까요. 오늘도 누군가를 사랑하는 하루 만드세요.

20

사람을 미워하면 미워할수록 독해지고, 사람을 사랑하면 사랑할수
록 강해집니다.

사랑하면 집니다. 사랑하면 져 줄 수 있기 때문입니다.
가장 많이 사랑하는 사람이 때로 가장 많이 지는 사람입니다.

사랑 없이 남을 가르칠 수 있고, 사랑 없이 남을 도울 수 있고,
사랑 없이 목숨을 버릴 수도 있습니다.
그러나 사랑 없이 인생의 의미를 찾을 수는 없습니다.
사랑 없이는 아무것도 아닙니다.

23

사랑은 상대의 허물을 가릴 구실을 찾고,
미움은 상대를 비난할 명분을 찾습니다.
찾고자 마음먹으면 둘 다 기어이 찾아냅니다.

사랑이 생명이다

24

사랑은 사람이 사람으로 존재하는 방식이고, 사람이 사람으로 존
재하는 목적입니다.

25

사람의 약점을 가려 주고 그 약점이 장점이 되도록 돕는 일이 사랑
입니다. 약점을 이용하고 약점만 보면 달려드는 세상에서는 꿈같
은 얘긴가요? 퇴근 전까지 그 사람 실수 한 번 눈감아 주세요.

26

"엄마가 있어 좋다, 나를 예뻐해 주어서. 냉장고가 있어 좋다, 먹을 것이 있어서. 강아지가 있어 좋다, 나와 놀아 주어서. 아빠…, 왜 있는지 모르겠다."

27

아들을 이긴 아버지는 자랑이 아닙니다. 아버지는 늘 아들에게 져 줄 준비가 되어 있습니다. 아들이 아버지를 사랑하는 것보다 아버지가 아들을 더 사랑하기 때문입니다.

28

가정은 작은 천국이고 천국은 큰 가정입니다.

사랑이 생명이다

29

속는 것은 어리석지만 속아 주는 것은 지혜롭습니다.
아들이 속이는 버릇 버릴 때까지 속아 주며 기다리는 것은
부모의 지혜입니다.

30

벌로 사람 고칠 수 있다면 세상은 이미 유토피아라야 합니다.
벌로 아이들을 고칠 수 있다면
청소년문제라는 말은 이미 사라졌겠지요.
사랑에 목말라 사랑해 달라는데 얼마나 돌을 던져대는지,
그 돌 돌아서 언젠가 내게 옵니다.

31

이 시대가 밥이 없어 배고픈 것이 아니고
물이 없어 목마른 것이 아닙니다.
사랑받지 못해 허기지고 사랑하지 못해 목마릅니다.
마음껏 사랑받고 원 없이 사랑할 수 있는 곳은 집인데
우리는 집 밖에서 인생 다 보냅니다. 집에 오셨어요?

32

결혼식 주례하러 갑니다. 주례사요? "어른이 되라"입니다.
어른이란 자기고집, 자기주장에 매여 있지 않습니다.
기분에 따라 살지 않고 책임에 따라 삽니다.
'나 먼저'가 아니라 '당신 먼저' 배려합니다.

33

오늘 결혼 주례를 잘 마쳤습니다. 13년 전의 약속이었습니다. 쉽게 배우자를 만나지 못했는데 단에서 두 사람을 바라보는 기쁨을 누가 알겠습니까. 얼마나 맑고 깨끗한 아름다움인지, 아가서 말씀으로 행복한 결혼을 다짐 받았습니다. "나의 사랑 나의 어여쁜 자야 일어나서 함께 가자"가 신랑의 초청과 신부의 수락이었습니다. 이제 사랑하는 삶, 끝없이 대화하는 삶, 꿈을 향해 분연히 일어나는 삶, 손잡고 함께 동행하는 삶이 시작되었습니다. 이런 삶, 이런 가정이 어떻게 불행할 수 있을까요. 예수님의 초대에 응답하는 우리의 인생도 그렇습니다. 내일 주일을 기다립니다. 우리를 사랑하시되 끝까지 사랑하시는 그분의 사랑 안에서 안식하시기 바랍니다. 무엇보다 페친 여러분께 뜨거운 고마움을 전합니다. 기도와 격려의 힘으로 엿새 만에 병원을 나왔습니다. 덤으로 사는 삶에 이렇게 큰 사랑과 은혜가 감춰져 있으리라 기대하지 못했습니다. 그래서 새롭게 꿈꾸며 다짐합니다. "사랑하는 사람들과 일어나서 영원을 향해 함께 걸으리라!"

34

신은 사람을 다 알기 때문에
용서하지 않을 수 없고, 사람
은 사람을 다 모르기 때문에
용서하지 않을 수 없습니다.

용서는 아름다운 보복입니다.
나를 사로잡을 모략도, 나를 힘들게 할 목적도 물거품입니다.
용서하면 기이하게도 덫을 놓은 사람들이 제 덫에 빠집니다.
섭리입니다.

사랑이 생명이다

02

마음은
생명의 자리이다

Heart

감사, 감동

머리보다 마음이 중요합니다.
마음은 생명의 자리입니다.

37

마음에 안 드는 일이 얼마나 많고
마음에 안 드는 사람이 얼마나 많은지
그래서 내 마음 하나 바꾸는 일이 가장 편합니다.

38

몸은 내 생각이 끌고 다닙니다.
그러면 내 생각은 대체 누가 끌고 다닙니까.
왜 내가 내 생각 하나를 내 마음대로 지키지 못합니까.
내가 진짜 주인이라면서….
깨달음의 본질은 내 생각의 참 주인 찾기입니다.

마음은 생명의 자리이다

벽 속에 갇힌 것도 아니고, 감옥에 갇혀서도 아니고 오직 생각 속
에 갇혀 있을 뿐입니다. 자원이 부족해서도 아니고, 사람이 부족해
서도 아니고 오직 생각이 부족할 따름입니다.

40

살아서 자유할 수 없으면 죽어도 자유할 수 없습니다. 살아서 마음 놓고 떠나지 못하면 죽어서도 마음 놓고 못 떠납니다. 마음에서 자유하고 마음에서 묶입니다.

41

기도하면서 죄지을 수 있고 감옥에서 선을 베풀 수 있습니다. 어디 있느냐 무엇을 하느냐가 기준이 아닙니다. 왜 하느냐 어떤 마음으로 하느냐가 기준입니다.

42

"생각은 행동의 리허설입니다." "생각은 인생과 인생의 고리입니다." "생각 바꾸는 것이 인생 바꾸는 가장 쉬운 방법입니다." 무슨 잘못과 어떤 실수건 돌아보면 생각 없이 했던 탓입니다.

43

다른 사람의 생각에 동의할 수 없고 수용할 수 없고 지지할 수 없
더라도 그 생각을 경청하고 존중하고 즐길 수 있습니다. 내 생각도
그런 대접을 받고 싶으니까.

44

익숙한 것과 잘 아는 것은 다릅니다. 익숙함은 쉽다는 판단이고 편
한 태도이고 가볍게 여기는 마음입니다. 잘 아는 것은 귀하다는 깨
달음이고 존중하는 마음이고 사랑의 결단입니다.

생각하기를 게을리 하면 내 인생 남의 길이 되고, 생각하고 또 생각하면 내 인생 나의 길이 됩니다. 얕은 생각은 가까운 날의 근심이고 깊은 생각은 먼 날의 평안입니다.

46

싸우려면 가장 큰 적과 싸워야 하고,
버리려면 가장 큰 것을 버려야 합니다.
가장 큰 것은 다 내 안에 있습니다.

47

욕심을 비우면 마음보다 너른 것이 없고,
탐욕을 채우면 마음보다 좁은 곳이 없습니다.
염려를 놓으면 마음보다 편한 곳이 없고,
걱정을 붙들면 마음보다 불편한 곳이 없습니다.

48

내 몸 내가 끌고 다니면 자유인이고,
내 몸 남이 끌고 다니면 노예입니다.
내 생각 내가 주인이면 자유인이고,
내 생각 남이 주인이면 노예입니다.
내 생각의 진짜 주인은 누굽니까?

마음은 생명의 자리이다

49

선행으로 선한 사람이 되지 않습니다. 선한 사람이 하는 일이 선행입니다. 선함은 일에 있지 않고 그 마음에 있습니다.

50

해 아래 새로운 것 없습니다. 새로운 시각, 새로운 관점, 새로운 해석, 새로운 열정, 새로운 마음이 있을 뿐입니다.

51

내가 생각하지 않으면 남의 생각에 사로잡히고, 남의 생각에 사로잡히면 남에게 내 인생 빼앗긴 셈입니다. 수명만큼 사는 것이 아니라 생각하는 만큼 삽니다.

겸손은 내가 늘 과분한 대접을 받고 있다고 여기고, 교만은 내가
늘 미흡한 대접을 받고 있다고 여깁니다. 그래서 겸손은 미안한 마
음이고 교만은 서운한 마음입니다.

마음은 생명의 자리이다

그 사람이 나를 그렇게 대하는 것이야 어쩔 수가 없지만,
나를 그렇게 대하는 그 사람에 대한 반응은 내 마음에 달렸습니다.
내 마음이 나를 좌우하지 그 사람이 나를 좌우하지 않습니다.

인생은 선물이다

54

무슨 일이건 그 일을 반드시 이루고자 하면
일부터 손에 잡기 전에 마음부터 굳게 잡아야 합니다.

55

비가 와야 무지개가 뜨고 밤이 깊어야 새벽이 오고
산고를 겪어야 아이가 태어납니다.
감동은 고난의 열매입니다.

인생은 선물이다

많이 울어야 많이 웃습니다.
제대로 울어야 제대로 웃습니다.
울음이 진실해야 웃음이 진실합니다.
울면서 감동해야 웃으면서 감동합니다.
울음과 웃음은 감동의 씨앗입니다.

마음은 생명의 자리이다

57

하늘이 내는 사람 따로 없습니다. 그러나 하늘이 감동하는 사람은 따로 있습니다. 하늘이 감동하기 전에 내가 내 삶에 감동해야 합니다. 내가 내게 감동하지 않는데 누가 감동합니까. "내가 왜 이러나!" 오늘 하루 나 자신을 감동시켜 보세요.

58

세상을 푸르게 하는 것은 나무만이 아닙니다. 빈들을 뒤덮고 있는 이름 모를 들풀과 들꽃도 푸르름의 원천입니다. 그 끈질긴 생명력이 놀랍지 않으세요? 아스팔트 사이로 고개를 내밀고 있는 풀의 경이로움에도 눈길 한 번 주세요.

감사하는 사람을 어쩌지 못합니다. 용서하는 사람을 어쩌지 못합니다. 목숨 걸고 사랑하는 사람은 정말 어떻게 할 수가 없습니다.

마음은 생명의 자리이다

60

이 세상에 존재하는 것만으로도 기쁘다면 진정한 기쁨입니다.
이 순간 살아 있다는 것만으로도 감사하면 진정한 감사입니다.

여러분의 격려와 축하,
그리고 사랑의 메시지에 마음이 녹았고 영혼이 녹았습니다.
낮에는 꿈길을 걸었고 밤에는 잠을 설쳤습니다.
함께 살고 있음에 감사하고,
마음 깊이 한 영혼 한 영혼을 사랑합니다.

마음은 생명의 자리이다

62

무슨 감사할 일이 많아서 감사하기보다 감사하는 마음이 흘러 넘
쳐 감사합니다. 가장 많은 축복을 받은 사람이 감사하는 것이 아니
라 가장 많이 감사하는 사람이 가장 큰 축복을 받은 것입니다.

63

내 자격을 생각하면 서운함이 생기고, 자격 없음을 깨달으면 고마
움이 솟아납니다. 사실 우리는 다 고개 들고 살 자격이 없지만 내
깊은 속을 모르기에 망정이고 나를 가려 주고 덮어 주기에 다행입
니다.

64

감사하는 영혼은 무슨 일로도 뒤흔들 수 없고, 불평하는 영혼은 어
떤 도움으로도 평안할 수 없습니다.

65

감사하고 감사하면 점점 더 작은 일에도 감사하게 되고, 불평하고
불평하면 점점 더 작은 일에도 불평하게 됩니다. 그러다가 점점 감
사는 감사할 일을 부르고, 불평은 불평할 일을 부릅니다.

66

가져서 부유하고 없어서 가난하기보다... 감사하기에 부유하고 불
평하기에 가난합니다. 아무리 가져도 불만이면 없는 것과 같고, 별
것 없지만 감사하면 다 가진 것과 같습니다.

67

지금까지 살아온 내 인생에 감사할 수 없으면 앞으로 살아갈 남은
인생에도 감사하기 어렵습니다. 감사는 버릇입니다.

68

"더블보기를 해도 트리플보기 하지 않은 것을 감사했습니다." 아깝
게도 페덱스컵 3위에 그친 최경주 선수의 말입니다. 불운 앞에서도
최악을 피한 것을 감사하는 것이 프로의 삶입니다.

69

어제 저녁 고열로 병원에 입원했더니 여러 친구들이 안부를 묻습니다. "괜찮습니다. 열은 다 내렸습니다. 의료진의 도움과 약 몇 가지로 벌써 정상을 되찾고 있습니다. 병원에서 밤을 새워 수고하시는 분들께 감사하고, 기도해 주신 형제자매들에게 너무나 감사하고, 염려해 주시는 페이스북 친구들에게도 참으로 감사합니다. 아! 혼자가 아니구나. 우리는 하나구나. 우리 모두가 사랑과 배려로 연결되어 있구나. 다시 확인합니다. 이따금 아플 때마다 정신을 차립니다. 병은 언제나 사람의 마음을 가난하게 합니다. 아픈 사람이 얼마나 많은지 비로소 눈에 들어옵니다. 무엇보다 내가 얼마나 연약한 존재인지 확인합니다. 생명이 내게 속하지 않았다는 것, 주인이 언제든지 이 생명 거두어 가실 수 있다는 사실 앞에 겸손해집니다. 그래서 지난 시간에도 감사하고 오늘에도 감사합니다. 무엇보다 이렇게 소식을 전할 친구들이 있다는 것에 더욱 감사합니다. 페친 여러분 모두의 건강을 위해서도 기도합니다."

마음은 생명의 자리이다

03

영성은
삶이다

Spirituality

믿음, 변화

힘이 생겼을 때 추한 본성을
드러내는 사람은 힘이 빠졌
을 때 또다시 그 본성을 드러
냅니다. 힘이 있으나 없으나
일상의 자연스러움이 바른
영성입니다.

71

빈익빈 부익부, 괴로운 현실입니다. 그러나 경험도 지식도 지혜도
빈익빈 부익부입니다. 남과 나누고 남을 도와도 줄지 않고 오히려
늘어나는 것이 영적 법칙입니다.

72

말기암이나 사형선고를 받아도 담대할 수 있고, 큰 유산을 받고 복
권이 당첨돼도 두려울 수 있습니다. 두려움과 담대함은 내 간의 크
기가 아니라 누구와 함께 있느냐에 달렸습니다. 나는 내 안에 누구
와 함께 있습니까?

73

잘 아는 것이 득입니까 아니면 독입니까.
잘 알아서 겸손합니까 아니면 교만합니까.
잘 알기 때문에 남을 돕습니까 아니면 해칩니까.
영성은 앎을 쓰는 힘입니다.

74

시행착오는 앎이 삶이 되는 시간입니다.
아무 시도도 없으면 아무 문제도 없습니다.
삶의 아픔과 고통 없는 영성은 없습니다.
힘겹고 어렵지만 영적 여정에 꼭 필요합니다.

영성은 삶이다

믿음은 관계를 결정하고, 관계는 태도를 결정하며, 태도는 고도(高度)를 결정합니다. 인생의 고도 믿음에 달렸습니다.

76

하나님은 모자라는 사람을 기꺼이 쓰십니다. 모자라지 않은 사람이 없기 때문에 나머지는 채워서 쓰십니다. 하나님이 쓰시는 사람은 부를 때 지체 없이 달려오는 사람, 그 한 사람입니다.

77

믿지 못하면 눈에 보이는 이익만을 좇아 삽니다. 믿으면 보이지 않는 이익을 보고 눈앞의 손해를 두려워하지 않습니다. 눈에 보이는 것만 따라 살면 작은 이익 끝에 언젠가 큰 손해를 겪습니다.

78

사람 안에서 가장 빨리 자라는 것이 의심과 두려움이고,
가장 늦게 자라는 것이 믿음과 희망입니다.
의심과 두려움은 버려두어도 잘 자라고,
믿음과 희망은 보살피지 않으면 곧 시들어버립니다.

79

믿음은 다가올 미래를 현실처럼 살게 합니다.
믿음은 아직 이루어지지 않는 일들을
이미 이루어진 것처럼 사는 삶의 태도입니다.

80

"세상에서는 환란을 만나겠지만 두려워 말라.
내가 세상을 이겼다."
예수는 정말 세상을 이겼습니까 아니면 세상에 졌습니까?
그를 믿는 사람들의 삶이 답입니다.

변하지 않기로 마음먹으면 쇠보다 단단해서 일생 변하지 않을 수
있고, 변하기로 마음먹으면 한 순간에 딴 사람처럼 변할 수 있을
만큼 인간은 위대합니다.

82

더 나은 나 그리고 더 나은 세상은 좀 더 부드럽고 좀 더 겸손하고 좀 더 친절하면 됩니다. 더 거칠고 더 험하고 더 막가서는 더 나은 나 그리고 더 나은 세상과는 더 멀어집니다.

83

눈에 보이는 것을 바꾸는 일은 어렵지 않습니다. 눈에 드러나지 않는 것을 바꾸기란 죽기보다 힘듭니다. 내 인격 바꾸는 데 목숨 걸지 않으면 내 성격 죽을 때까지 변하지 않습니다.

내가 그토록 옳은 말로 지적하고 비판해도 세상이 좀처럼 바뀌지 않는 까닭은 내가 누구보다 먼저 변해야 할 사람이기 때문입니다. 세상은 다 아는데 나만 잘 모릅니다.

영성은 삶이다

85

진정한 변화란 생각이 바뀌고, 관점이 바뀌고, 태도가 바뀌고, 결정이 바뀌고, 인격이 바뀌어서 결국 모든 관계가 바뀌는 것입니다. 생각으로 시작된 변화의 끝은 언제나 새로운 관계입니다.

86

사람이 바뀌어야 세상이 바뀝니다. 사람이 그대로인데 어떻게 세상이 바뀝니까. 바뀌지 않은 사람은 새 세상이 와도 그 세상 예전대로 되돌려 놓습니다. 바뀐 사람들로 세상이 바뀝니다.

87

남을 바꾸려는 노력의 반의 반만 기울여도 내가 바뀝니다. 그 사람 내 힘으로 바꾸고야 말겠다는 의지가 권력이고 내가 먼저 바뀌어야겠다는 마음이 사랑입니다. 내가 바뀌면 그 사람 언젠가 소리 없이 바뀝니다.

88

"세상이 바뀌어야 한다, 조직이 바뀌어야 한다, 네가 바뀌어야 한다…" 그렇게 주장하면서 나만 안 바뀐 사이에 세상은 저만치 앞서 가고 나만 뒷걸음치고 있습니다.

89

내가 그 사람 진심으로 사랑하고 있는지 어떻게 압니까. 그 사람이 먼저 바뀌기를 바란다면 나를 더 사랑하고 있는 것이고, 내가 먼저 바뀌기를 결단하면 그 사람을 더 사랑하고 있는 것입니다. 사랑은 상대방의 변화를 먼저 요구하지 않습니다.

90

나를 힘들게 하는 사람이 없는 곳은 없습니다. 내가 반드시 치르고 건너야 할 시험이기 때문입니다. 힘들다고 피하면 똑같은 사람 또 나타납니다. 언제까지? 내가 그 사람에게서 자유할 때까지, 그리고 감사할 때까지….

91

겉사람이 변해도 속사람이 변하지 않을 수 있지만, 속사람이 변했
는데 겉사람이 변하지 않을 수는 없습니다. 정직과 진실은 늘 겉이
아니라 속에서 시작됩니다.

92

세상 바꾸겠다는 사람들 고성(高聲)으로 세상은 잘 안 바뀝니다. 그
들이 꿈꾸는 세상은 자기 수준입니다. 나를 바꾸겠다는 사람들의
조용한 헌신으로 세상은 바뀝니다. 그들이 꿈꾸는 것은 나 이상의
수준입니다.

93

나를 바꾸지 않기로 작정한 사람은 일생 남을 바꾸려 하고, 남을
바꿀 수 없다고 깨달은 사람은 일생 나를 바꾸는 길을 택합니다.

정권 교체는 본질적인 혁명
이 아닙니다. 권력의 본질은
나보다 남을 더 부리는 힘이
기 때문입니다. 정권이 바뀌
어서 유토피아가 이루어진
일은 없습니다. 그래도 권력
은 바뀌어야 합니다.

60년 전 오늘 이 땅에 왔습니다. 깊은 생각 없이 살았고 성취와 성공을 향해 질주했습니다. 마흔일곱 나이에 예수를 만나고 바뀐 것은 '사랑에 빚진 자'라는 깨달음이고, 그 사랑을 전해야 한다는 소명입니다. 페북에 들르는 것도 사랑의 빚을 조금이라도 더는 일이라 여기기 때문입니다. 여러분에게 사랑과 생명이 전해지지 않는다면 이 모든 것이 헛수고입니다. 새벽 설교는 여전히 마태복음 26장, 오늘은 예수님이 체포됩니다. 유다를 부릅니다. "친구여! 하고 싶은 대로 하게나!" 배신의 입맞춤에도 표정이 바뀌지 않습니다. "원수를 사랑하라"는 말은 가식이 아니었습니다. 밤을 새워 기도한 때문입니다. 기도는 사랑을 낳고 생각은 미움을 낳습니다. 기도할수록 사랑하게 됩니다. 기도는 가장 깊은 친밀감입니다. 앞으로 페이스북에 자주 못 들르면 기도하는 줄로 알아주세요.^^ 오늘따라 트위터는 접속이 안 되네요. 생일축하에 감사합니다. 여러분 사랑합니다.

04

가치는
삶의 안경이다

Value

원칙, 선택

기준과 원칙은 핵심가치입
니다. 가치 있는 것은 훈련과
희생, 절제 없이 못 지킵니다.
어떤 것으로도 대체할 수 없
는 핵심가치, 목숨처럼 지키
지 않으면 어느 날 내 생명 빼
앗깁니다.

가치 있다는 것은 대가를 치
러야 하거나 이미 대가를 치
렀다는 뜻입니다. 가치 있는
것의 가치는 내가 치르거나
아니면 누군가 이미 치른 대
가 만큼입니다.

인생은 선물이다

98

가치 있는 일에 혼을 불어넣는 것은 많은 사람이 할 수 있습니다.
그러나 일상의 작은 일에 혼을 불어 넣어
가치 있는 일로 만드는 것은 오직 당신만이 할 수 있습니다.

가치는 삶의 안경이다

문제 해결의 시작은 문제와 염려를 떼어 놓는 일입니다. 근본적인
문제 해결은 쉽게 빨리 해결하기 위해 바른 원칙을 버리지 않는 일
입니다.

100

성실한 사람이 뛰어난 사람입니다. 도울 줄 아는 사람이 유능한 사람입니다. 사랑할 줄 아는 사람이 성공한 사람입니다. 올바른 기준을 따르면 나도 남도 평안합니다.

101

타협해도 좋을 내 생각과 신념은 끝까지 고집하고, 타협하지 말아야 도덕적 기준과 원칙, 핵심가치를 헌신짝처럼 버리면 개인이건 국가건 이미 몰락의 길에 들어섰습니다.

102

잘 사는 것 중요합니다. 바르게 사는 것은 더 중요합니다. 영원히 사는 것은 비교할 수 없이 중요합니다. 그런데 영원히 못 살면 어떻게 사는 것이 잘 살며 바르게 사는 것인지 참 기준을 알겠습니까?

103

인생은 내가 기준이 아닙니다.
내 경험, 내 생각, 내 판단이 인생의 바른 기준이 아닙니다.
나를 기준 삼으면 편해도 일생 내리막이고,
하나님을 기준 삼으면 힘들어도 평생 오르막입니다.

104

원칙을 지키는 이성은 중요합니다.
원칙을 뛰어넘는 영성도 중요합니다.
둘이 함께 가지 않으면 우리는 늘
다수의 이름으로 소수를 핍박합니다.

105

"게으른 것은 죄다. 속이는 것도 죄다.
빼앗는 것은 더 나쁜 죄다." 맞습니다.
그러나 죄의 본질은 본질을 놓친 것입니다.

106

개미가 꿀단지에 빠지면 못 나옵니다. 쥐가 술독에 빠지면 못 나옵
니다. 꿀이 달고 술이 향긋해도 단지에 빠져서는 안 됩니다. 꿀과
술이 아무리 좋아도 생명과 맞바꾸겠습니까?

107

모든 선택은 포기하는 것입니다. 모든 결단은 한 가지를 선택하고 다른 것을 버리는 일입니다. 그 포기의 열매가 싫건 좋건 새로운 변화입니다.

108

"왜, 하필 내게 이런 일이 일어났나?" "이 일은 대체 무엇을 내게 말하는가?" 이미 벌어진 일을 바라보는 관점의 차이가 갈림길입니다. 관점은 내가 선택하는 안경입니다.

가치는 삶의 안경이다

과거 33년간 마음대로 술을 마셨습니다. 결과는 술중독입니다. 지난 13년간 술을 끊었습니다. 결과는 술로부터의 자유입니다. 매일 술집 가는 자유와 술집 안 가는 자유, 자신의 선택입니다.

가치는 삶의 안경이다

110

나의 선택과 결정이 나를 빚을 수 있도록 허락하지 않으면 나를 에워싼 조건과 상황이 제멋대로 나를 만듭니다.

111

두 가지 자유가 있습니다. 미숙한 자유는 방종과 혼란입니다. 제멋대로, 저 좋은 대로의 자유입니다. 성숙한 자유는 책임과 절제입니다. 어른스런 자유는 아름다운 균형입니다. 이 세대는 어떤 자유를 선택합니까?

오늘 하루 무엇을 보고 무엇을 들을 것인가를 결정하세요. 생각 없이 보고 들으면 보고 들은 것에 생각을 빼앗깁니다. 생각을 빼앗기면 목숨을 빼앗기는 것과 같습니다.

가치는 삶의 안경이다

113

한 사람은 이 세상 우연히 왔다가 우연히 살다가 우연히 떠납니다.
또 한 사람은 목적을 갖고 와서 목적 따라 살다가 목적을 이루고
떠납니다. 갈림길은 내가 선택합니다.

114

기쁨으로 자원해서 따르는 것은 순종이고, 두려워서 마지못해 따
르는 것은 굴종이고, 무지해서 눈이 멀어 따르는 것은 맹종입니다.
이 시대는 누구를 왜 어떻게 따르고 있습니까.

115

"해 아래 새로운 것은 없습니다." 다들 누군가를 따라 갑니다. 생각 없이 따라가면 맹종이고, 생각하고 따라가면 순종입니다. 따라가는 것은 같지만 맹종은 노예의 삶이고 순종은 자유의 삶입니다.

가치는 삶의 안경이다

05

배움은
돌아봄이다

Learning

성찰, 지혜, 성숙

116

말로 가르친 것보다 대접함으로 가르친 것이 훨씬 깊습니다.
지식으로 가르친 것보다 태도로 가르친 것이 훨씬 높습니다.
책으로 가르친 것보다 삶으로 가르친 것이 훨씬 넓습니다.

117

조각난 유리조각도 맞춰지면 스테인드글라스가 되고,
자투리 천 조각도 이어지면 조각보로 거듭납니다.
내 눈에 쓸모없어도 대가의 눈에는 이미 걸작입니다.

118

모든 문제는 답이 있습니다.
답이 둘이기도 하고, 답 없음도 답입니다.
그러나 질문이 처음부터 잘못되었으면 답하지 않아야 정답입니다.

길을 안다고 길이 되지 않습니다.
길을 가르친다고 길이 되지 않습니다.
길을 가다 그 길에 묻혀야 비로소 길이 됩니다.
우리는 모두 누군가 죽어서 길이 된 그 길을 갑니다.

깊은 땅 속 흙더미 바위 더미를 헤치지 않고 광맥을 찾을 수는 없습니다. 캐낸 원석을 이리저리 깎고 다듬지 않고서는 보석이 될 수 없습니다. 가치 있는 것은 결코 편하고 쉽지 않습니다.

121

일본인이 가장 잘 아는 한국인은 배용준, 욘사마이고 한국인이 가장 많이 아는 일본인은 이토 히로부미라는데, 알려지는 것보다 어떻게 기억되느냐가 더 중요합니다. 역사는 문화보다 긴 호흡입니다.

122

과일 씨앗 하나를 심어 나무 한 그루와 많은 열매를 얻는 것은 알면서 육신으로 사는 이생을 심어 영원한 생명과 풍성한 열매를 얻는 것은 왜 이해할 수 없을까?

123

가르침이 부족해서가 아니라 감동이 부족해서 세상이 메마르고, 배움이 부족해서가 아니라 결단이 부족해서 세상은 그대로이고, 권력이 부족해서가 아니라 권위가 부족해서 세상이 소란스럽습니다.

배움은 돌아봄이다

124

과학은 설명하고, 철학은 해석하고, 문학은 표현하고, 언론은 전합
니다. 그러나 내 삶은 요지부동입니다.

125

과식하고 배탈 난 것은 악해서가 아니라 어리석어섭니다. 고통받는 이웃을 외면하는 것은 어리석어서가 아니라 악해섭니다. 나를 돌보지 않으니 어리석고, 남을 돌보지 않으니 악합니다.

배움은 돌아봄이다

126

나, 나, 나… 나는 떠받들수록 괴롭습니다. 나, 나, 나… 나를 상전
삼으면 일생 무거운 짐에 짓눌립니다.

127

많은 일이 문제 삼아서 문제가 됩니다. 때로는 문제 삼아 문제가
더 커집니다. 더구나 문제 삼는 내가 문제여서 문제가 더 엉킵니다.
무슨 문제가 문제로 보이면 혹시 내가 문제가 아닌지 살펴보세요.

128

내가 결코 진실하지 않다는 성찰이 가장 진실한 모습이며, 내가 결코 진실할 수 없다는 자각이 가장 겸손한 삶입니다.

129

내 안에 얼마나 큰 거인이 있는지 잘 모릅니다. 내가 그 거인을 얼마나 우습게 보고 있는지 나는 잘 모릅니다. 우리는 눈에 보이는 것 외에는 잘 보려고 하지 않기 때문입니다.

130

왜 이렇게 사나요? 그럴 이유가 있습니다. 꼭 가야 하나요? 그럴 이
유가 있습니다. 왜 나인가요? 반드시 그럴 이유가 있습니다. 다 알
지 못하고, 다 알 수 없지만 살면서 깨달아 갑니다.

131

내 안에 선한 것이 없다는 발견이 인생 최대의 발견입니다. 내가
결코 선하지 않다는 자각이 인생 최고의 깨달음입니다.

132

아무리 옳은 말을 해도 시비하는 사람이 있고, 아무리 좋은 일을
해도 비판하는 사람이 있고, 아무리 바른 삶을 살아도 비난하는 사
람이 있게 마련입니다. 그래도 그 사람이 있기에 한 번 더 자신을
돌아봅니다.

133

남이 알아주었으면 하는 내 모습도, 남이 알아주지 않는 내 모습도
내가 아닙니다. 나의 참 모습은 주위에 아무도 없을 때 자신 앞에
서 있는 나입니다. 홀로일 때 나는 어떤 사람입니까.

134

손톱 밑에 가시가 박혀도 온몸이 아파야 정상이고, 발가락이 다쳐
도 전신이 불편해야 정상입니다. 한 곳만 아파도 온 전신이 고통을
느껴야 정상입니다. 온 세상이 아픈데 나는 아픈 곳이 없습니다. 중
병입니다.

135

더 할 수 있으나 멈추는 것이 지혜입니다. 내가 할 수 있으나 다른 사람 세우는 것이 지혜입니다. 내가 없어도 더 잘 될 수 있도록 돕는 것이 지혜입니다.

행복은 기억해야 할 것을 기억하고 기억하지 말아야 할 것을 기억하지 않는 삶입니다. 불행은 기억해야 할 것을 잊어버리고 기억하지 말아야 할 것을 기억하는 삶입니다. 두 가지의 분별이 삶의 지혜입니다.

137

지혜의 핵심은 분별이고 분별의 본질은 기준입니다. 기준이 틀려
분별이 흐려지고, 분별을 못해 어리석습니다. 그 기준, 유치원에서
다 배웠는데 지금 기억이 안 나나요?

138

작아지면 커집니다. 낮아지면 높아집니다. 죽는 길이 사는 길입니
다. 지혜는 역설 속에 있습니다.

139

험담하는 사람 곁에서 지혜를 찾는 것은 카페에서 숭늉 찾는 일입
니다.

140

어린 아이처럼 굴면 유치하고, 어린 아이와 같으면 순수합니다. 말과 생각과 행동이 유치하면 어린 아이처럼 구는 삶이고, 맑고 깨끗하고 단순한 것은 어린 아이와 같은 삶입니다.

141

뻔히 불행이 찾아오는데도 문을 열어 주면 누구 탓입니까? 만나지 말아야 할 사람 만나고 가지 말아야 할 곳 가면서 애써 그 문 열어 젖히면 누구 잘못입니까? 인생에 닫아야 할 문 열지 마세요!

142

사람 속이고 이용하는 사람 영리한 사람이 아닙니다. 사람 섬기면 오히려 더 잘 될 수 있다는 것을 모르는데 뭐가 똑똑합니까? 사람을 아끼고 섬기는 사람이 지혜로운 사람입니다.

143

윗사람의 어리석음을 깨우치기 위해 내가 가르치려 드는 것은 더 어리석습니다. 윗사람은 내 태도에 감동해서 깨닫기는 해도 내게 잘 배우지 않습니다. 그가 지혜롭다면 스스로 변하고, 내가 지혜롭다면 그에게서도 배웁니다.

144

이스탄불 톱카프 궁에는 숟가락 세 개와 바꾼 86캐럿의 물방울 다이아몬드가 진열돼 있습니다. 이해 안 되지요? 그러나 우리는 무엇과도 비할 수 없는 생명, 천하보다 더 귀한 영혼을 그렇게 바꾸어 버리지는 않나요? 귀한 것을 귀한 줄 아는 것이 지혜입니다.

배움은 돌아봄이다

성숙은 배려입니다. 남을 더
배려하고, 더 많은 사람을 배
려하고, 다음 세대를 배려하
고, 다른 민족을 배려하고, 끝
내 생명 있는 모든 존재를 배
려합니다.

146

나와 같은 사람과 지내면 편합니다. 나와 같지 않은 사람과 지내면 불편합니다. 그러나 불편은 도전이고 도전이 성장입니다.

147

성숙할수록 '내게 무슨 일이 일어나고 있는가'보다 '나를 통해 무슨 일이 일어나고 있는가'를 주목합니다. '내게 왜 이런 말을 하는가'보다 '내가 왜 이런 말을 들어야 하는가'를 묵상합니다.

배움은 돌아봄이다

148

미숙한 사람은 대접받기를 즐겨 합니다. 보통 사람은 적어도 대접받은 만큼은 남을 대접합니다. 성숙한 사람은 비록 자신이 대접받지 못해도 남 대접하기를 주저하지 않습니다.

149

다른 사람의 허물을 빈틈없이 지적한다고 해서 성숙한 사람이 아닙니다. 성숙은 그 사람의 허물을 얼마나 가려 줄 수 있는지에 달렸습니다.

150

사람 믿다가 배신당하지 않은 사람이 없고, 사람 사랑하다가 상처받지 않은 사람이 없습니다. 그러나 그 배신, 그 상처 없이 성숙한 사람도 없습니다.

151

다 나이 먹지만 다 어른 되지 않습니다. 나이든 어른아이는 고집, 편집, 아집에 붙들려 불만, 불평, 불안 속에 삽니다. 어른아이의 중심에는 늘 '나 하나'…고독하게 삽니다. "내 안에 내가 너무 많아 누구도 쉴 곳 없습니다."

152

남을 험담한다고 아무도 나를 칭찬하지 않고, 남을 칭찬한다고 아
무도 나를 험담하지 않습니다. 더구나 남을 험담하면 할수록 내가
비굴해지고, 남을 칭찬하면 할수록 내가 당당합니다.

153

내 경험, 내 상식, 내 이성으로 이해되지 않는 사람들은 받아들이
는 수밖에 없지요. 그 용납, 그 수용, 그 포용이 내게 성숙을 안겨
줍니다.

배움은 돌아봄이다

154

미숙은 나를 끊임없이 더 생각하고, 성숙은 나를 점점 덜 생각합니다. 미숙은 나를 크게 여기고 많이 생각하지만, 성숙은 나를 작게 여기고 적게 생각합니다. 그래서 미숙은 불안하고, 성숙은 평안합니다.

155

무한 성장은 없습니다. 끝없이 자라는 암세포조차 주인이 생명을 다하면 성장은 끝입니다. 스스로 성장을 멈춘 곳에서 성숙은 시작됩니다.

156

서로 다르다는 것이 불편하세요? 다양성에 대한 짜증이 미숙이고 다양성에 대한 평안함이 성숙입니다. 나와 다른 사람이 이렇게 많다는 것이 기쁨의 원천입니다. 세상의 숱한 문제가 나처럼 변한 때문이거든요.

157

잘난 사람을 만나 불편하면 내가 더 성장하라는 사인이고, 못난 사람을 만나 불편하면 내가 더 성숙하라는 사인입니다. 불편한 사람이 없으면 이제 떠날 때가 되었다는 사인입니다.

158

미숙은 자아의식을 끝없이 확장하고, 성숙은 공동체의식을 끝없이 확장합니다. 미숙은 나 잘 되는 것이 가장 큰 관심이고, 성숙은 공동체가 잘 되는 것이 가장 큰 관심입니다.

159

겸손한 사람은 이해할 수 있는 일을 통해 성장하고 이해할 수 없는 일을 통해 성숙하지만, 교만한 사람은 이해할 수 있는 일에 우쭐대고 이해할 수 없는 일에 분노합니다.

160

아이는 뒤집다가, 기다가, 섰다가, 걷다가, 뜁니다. 처음부터 뛰지 않았습니다. 그걸 잊으면 날 때부터 걷고 뛴 줄 압니다. 까맣게 잊으면 못 걷고 못 뛰는 아이 무시합니다.

배움은 돌아봄이다

시월의 마지막 밤에 『사람이 선물이다』 북콘서트를 30여 분과 함께 가졌습니다. 감사하게도 '나무엔' 형제가 귀한 시간을 내주었고, 유호정 씨가 카페 히스토리 문을 열어 주었습니다. 미숙한 점이 있었지만 참으로 아름다운 시간이었습니다. 트위터에 담긴 제 삶의 흔적을 얘기했고 여러분의 질문에 답했습니다. 영성관리, 시간관리, 관계관리에 대한 물음에는 시원한 답을 드리지 못했습니다. 신앙의 길을 걸으면서 효율성을 잣대로 삼는 관리를 내려놓았기 때문입니다. 나를 떨어뜨렸으니 특별한 영성관리가 없고, 누군가 저를 찾는 사람이면 따지지 않고 만나니 시간관리가 제대로일 수 없고, 삶의 주도권을 포기했으니 관계관리도 엉성하기만 합니다. 그러나 자로 잰 듯 따지고 살았던 과거에 비하면 평안하고 늘 기대가 넘칩니다. 삶의 순간순간 감사가 넘치고 삶의 크고 작은 일들에 눈가를 적실 때가 잦습니다. 모임 끝 무렵 이민섭 형제가 불러준 '당신은 사랑받기 위해 태어난 사람'을 통해 우리 모두를 향한 그분의 고백을 들었습니다. 친구 여러분에게 그 사랑을 전합니다.

배움은 돌아봄이다

06

인격은
영성의 열매다

Personality

말, 탐욕, 리더

몸에 밴 배려가 인격입니다. 깊은 배려는 받는 남도, 베푸는 나도
잘 모릅니다. 그래서 소문날 일도 없습니다. 배려는 교양과 겸손을
뛰어넘는 향기입니다.

163

내가 그보다 더 중요하다고 여기면 짜증내고 화내고 거칠게 말합니다. 그가 나보다 더 중요하다고 여기면 절제하고 인내하고 부드럽게 말합니다. 겸손은 그를 나보다 낮게 여기는 결단입니다.

164

교양과 인격은 다릅니다. 교양은 내 체면이 소중하고, 인격은 다른 존재가 소중합니다. 교양은 주고받아야 편하지만, 인격은 주고 또 주어도 그만입니다. 교양은 인격의 시작일 뿐입니다.

인격은 영성의 열매다

진정한 일치에는 모든 사람의 개성이 살아 있고, 진정한 연합에는
모든 사람의 인격이 배어 있습니다.

166

그 사람이 내 마음에 안 드는 것은 그 사람 잘못이 아닙니다. 내 안의 거울이 깨어져 잘못 비친 상을 놓고 누구를 탓하겠습니까. 일그러진 것은 달이 아니라 출렁이는 물결입니다.

167

인격을 매너가 대신할 수 없습니다. 교양이 인격을 대체할 수 없습니다. 인격은 교양이나 매너 이상입니다.

168

기내에서 옆 좌석 두 아이가 끝없이 종알거립니다. 제 목소리가 큰지 작은지 모릅니다. 다른 사람 상관없습니다. 그래도 그 아이들은 귀엽습니다. 그 아이 둘 품고 가는 어머니의 사랑도 귀합니다. 그러나 목소리 너무 큰 어른은 다릅니다.

169

참 고마운 천사와 늘 힘겨운 천적, 둘 다 하늘이 붙여 준 사람입니다. 내 인격 만들고 내 성품 빚는데 꼭 필요한 사람들입니다. 모두에게 감사하십시오. 지나고 보면 그분들 덕에 내 삶이 업그레이드되었습니다.

170

그 사람이 이유 없이 미운 것은 그 사람 때문이 아니라 내 좁은 성품 때문이고, 그 사람이 이유 없이 좋은 것은 나 때문이 아니라 그 사람의 넉넉한 성품 때문입니다.

171

작은 약속을 지킨 신의가 큰 일이 생겼을 때 진가를 드러내고, 작은 일로 다듬어진 성품이 큰 어려움을 겪을 때 빛을 발합니다.

172

내가 악한 줄을 모르니 교만의 시작이고, 내가 선한 체하니 교만의
성장이고, 내가 선하다고 믿으니 교만의 성숙입니다.

173

가장 아름다운 영성은 진실과 정직이고, 가장 아름다운 영성의 열
매는 성품과 인격입니다.

174

속 좁은 사람은 속 너른 사람을 품으려야 품을 수가 없습니다. 그러니 속 너른 사람이 속 좁은 사람을 품는 외에 무슨 방도가 있겠습니까.

인격은 영성의 열매다

175

일류가 이류 꼴을 못 참고, 이류가 일류 꼴을 못 보는 것은 일류 이류라고 잘못 평가된 그 사람 능력 때문이 아니라 삼류만도 못한 내 성품 때문입니다.

176

후배를 시기하는 것은 치졸하고, 동기를 시기하는 것은 옹졸하고, 선배를 시기하는 것은 졸렬합니다. 시기하면 병납니다. 그 시기를 웃음 뒤에 감춘 것은 교활하고, 비난 속에 숨긴 것은 사악합니다.

177

내 삶의 격을 떨어뜨리거나 높이는 일은 오직 나만이 할 수 있습니다. 내 인생의 가치를 낮추거나 높이는 일은 오직 나만이 할 수 있는 일입니다. 나의 인격과 가치는 누구 탓도 아닙니다.

178

말에는 이유가 있고, 말에는 관점이 있고, 말에는 영혼이 있습니다.

179

냉소적이어서 냉소적으로 말하기보다 냉소적으로 말하다 냉소적
이 됩니다. 부정적이어서 부정적으로 말하기보다 부정적으로 말하
다 부정적이 됩니다. 말은 성품을 포맷하고 인격을 구동합니다.

180

나를 바꾼 그 메시지를 내가 산다면 무슨 말이 이렇게 많이 필요할
까요. 나를 바꾸지 않은 그 메시지를 아무리 반복한들 누가 그 인
생을 바꾸려고 할까요.

181

물, 사슴이 마시면 사향이 되고 독사가 마시면 독이 됩니다. 칼, 의사 손에 들리면 생명을 살리고 강도 손에 잡히면 생명을 앗아갑니다. 말, 선한 이가 쓰면 심령을 기쁘게 하고 악한 이가 쓰면 영혼을 피폐하게 합니다.

182

말은 새로운 생각의 틀입니다. 말은 새로운 시각의 창입니다. 말은 새로운 믿음의 씨앗입니다. 말, 아무리 가려들어도 지나치지 않습니다.

183

"믿음은 들음에서 납니다." 믿음은 들은 말입니다. 그렇게 믿게 된 것은 그 말 때문입니다. 말, 아무리 분별해도 지나치지 않습니다.

184

"말은 존재의 집입니다." 말 속에 사람이 있습니다. 말이 나를 지나
다니다가 쌓인 자국이 인격입니다. 그러니 아무 말이나 하지 말고
아무 말이나 듣지 마세요. 내 인격을 배려해서라도….

185

좋은 친구, 좋은 동료는 내 입이 만듭니다. 내가 하고 다니는 말로
좋은 친구, 좋은 동료가 탄생합니다. 가까운 사람 멸시하면 내 삶에
무슨 기쁨, 무슨 보람이 있습니까? 작심하고 좋은 친구, 좋은 동료
만들어 보세요.

186

"죽이고 살리는 것이 내 혀에 달렸고, 내 혀 잘 다스리면 우리 모두 그 열매를 먹습니다." 불평하는 내 입 다스리는 것보다 더 빨리 행복해지는 길 없고, 격려하는 내 말보다 더 빠른 수습 없습니다.

187

화가 날 때 닫아야 할 첫째는 입술이고, 다스려야 할 첫째는 혀이고, 조심해야 할 첫째는 말입니다.

188

오늘 운전하다 욱해서 욕하지 마세요.
욕이 내 입을 벗어나기 전에 먼저 나를 욕되게 하거든요.
양보해 주는 사람 칭찬해 보세요.
그 칭찬도 나를 칭찬하고 내 입을 떠납니다.

인격은 영성의 열매다

189

잔소리는 눈에 거슬릴 때마다 생각날 때마다 말하고 싶을 때마다 얘기하는 것이고, 조언은 생각하고 또 생각하고 참고 또 참고 기도하고 또 기도하고 하는 말입니다. 잔소리는 나 때문에 하고 조언은 그 사람 때문에 합니다.

190

희망은 있다고 선포하는 사람에게 있습니다. 절망은 없다고 믿는 사람에게 없습니다. 입술의 선언과 마음의 결단이 있다 없다를 결정합니다. 그 결단이 나를 묶습니다.

191

탐욕은 내 안에 시기와 좌절
과 분노를 부르고, 탐욕의 성
취는 내 이웃의 시기와 좌절
과 분노를 부릅니다. 이러나
저러나 탐욕은 죄입니다.

늘 소유보다 욕망이 앞서 가고, 소유보다 욕망이 빨리 자랍니다.
욕망을 다스리지 않고 소유만으로 행복한 삶은 없습니다.

193

사람들의 인정과 환호에 금세 중독됩니다. 인정받고 대접받지 못하면 못 견딥니다. 그래서 잊혀지기보다 손가락질 받더라도 기억되는 편을 택합니다. 아! 신기루 같은 인기 때문에….

194

배에 닻이 없다면 표류하지 않을 수 없고, 영혼에 닻이 없다면 방황하지 않을 수 없습니다. 흔들리지 않는 힘은 내게 있는 것이 아니라 닻에 있습니다. 내 힘만으로 살겠다는 욕망의 소산은 방황입니다.

195

작은 유혹 뒤에 숨은 큰 전략을 모르기 때문에 물고기는 수없이 미끼에 걸려들고 사람은 걸핏하면 뇌물에 걸려듭니다.

196

누가 예수를 박해했습니까? 하나님을 가장 잘 안다는 사람들입니다. 누가 그를 십자가에 못 박았습니까? 바로 그 종교전문가들입니다. 왜요? 기득권 때문입니다. 기득권의 눈에는 사람도, 하나님도 장애물입니다.

197

정치인이란 당신을 위해 내게 권력이 필요하다고 주장하는 사람들입니다. 설득이 안 되면 사람들을 적과 동지로 구분합니다. 툭하면 사사로운 탐욕을 공공의 것인 양 포장합니다.

198

권력의 중심은 재래식 화장실 같습니다. 들어갈 때는 냄새 때문에 숨을 고르지만 잠깐 뒤 콧노래를 부릅니다. 탐욕은 똥냄새와 같고 그런 무감각은 권력, 정치에만 있지 않습니다.

199

보스는 남을 희생해 나의 성공을 추구하고,
리더는 나를 헌신해 남의 인생을 꽃피웁니다.

책임져야 할 일 앞에서 변명을 생각하면 리더가 아닙니다. 책임지지 않아도 될 일조차 내 마음이 무겁다면 이미 리더입니다. 책임감은 바르게 반응하는 능력이어서 리더의 큰 덕목입니다.

07

관계는
배려다

Relationship

이웃, 섬김

201

사람과는 주어야 관계가 열리고
하나님과는 받아야 관계가 열립니다.

202

"나 혼자 할 수 있습니다."
생각이 어릴 때 자주 하는 말입니다.
"나 혼자 할 수 없습니다."
철이 들수록 자주 하는 말입니다.
세상은 혼자 살 수 없고 혼자 일할 수 없는 네트워크입니다.

203

아무도 홀로 서 있지 않습니다.
아무도 함께 서 있지 않습니다.
홀로 있을 수 있어 함께 있을 수 있고
함께 있을 수 있어 홀로 있을 수 있습니다.
관계는 홀로 그리고 함께 사이의 균형입니다.

관계는 배려다

204

갈등에 대한 예수의 조언은 단순합니다.
"당신이 대접받고 싶은 그대로 먼저 그 사람을 대접하십시오!"
먼저 해야 할 일을 먼저 하지 않으면 갈등은 일생 악순환됩니다.

205

갈등의 시작은 왜 나는 이렇게 대접받고
너는 그렇게 대접받느냐를 따지는 일입니다.
숱한 이념도 내 생각대로 사람 대접하는 질서가
정의라고 우기는 주장일 뿐입니다.

206

기도하면 할수록 사랑하게
되고, 생각하면 할수록 미워
하게 됩니다. 기도는 가장 깊
은 친밀감입니다.

207

잔 계산으로 큰 이익을 남길 수 없고, 잔 술수로 옳은 일을 이룰 수 없고, 잔 머리로 바른 관계를 맺지 못합니다.

208

사람을 만나야 힘이 나는 사람이 있고, 혼자 있어야 힘을 얻는 사람이 있습니다. 얘기하면 힘이 솟는 사람이 있고, 말을 많이 하면 힘이 빠지는 사람이 있습니다. 사람 사이의 관계는 내가 기준이 아닙니다.

209

차이를 존중하면 천국이고 차이를 무시하면 지옥입니다. 차이는 있어도 차별 없는 세상이 천국입니다. 다르다는 것이 선물이고 축복인 줄 모르면 나와 꼭 같은 사람들의 지옥을 만듭니다.

210

웃는 얼굴에 감사가 있고 칭찬이 있고 격려가 있으면 주위에 사람이 모이고, 화난 얼굴에 불평이 많고 비난이 많고 샘이 많으면 가까이 있던 사람도 흩어집니다. 내가 사람을 모으고 내가 사람을 흩습니다.

211

부당하고 불의한 일보다는 성격과 스타일 때문에 서로 부딪칩니
다. 갈등의 뿌리를 찾아야 제대로 풀립니다. 그 뿌리는 대부분 내
분노가 솜사탕처럼 부푼 것입니다.

212

남긴 것들 가운데 가장 오래 기억되는 것이 그 사람 이미지입니다.

213

내가 남보다 더 중요하다고 여기고 더 중요해지겠다고 결심한 사람들은 문제를 해결하기보다 늘 문제를 일으킵니다. 문제 해결은 언제나 남을 나처럼 배려하는 데서 시작됩니다.

214

남을 무시하고 내가 높아지는 법이 없고, 남을 존중하고 내가 낮아지는 법이 없습니다. 존중하면서 존중받고 무시하면서 무시당합니다.

걸핏하면 관계가 꼬이고 인생이 힘든 까닭은 걸핏하면
감정이 이성을 이기고 습관이 결심을 이기기 때문입니다.

216

최고의 대접을 해주어도 최고의 대접을 받지 못할 수도 있지만,
최고의 대접을 해주지도 않고 그런 대접을 받을 수는 없습니다.
혹시 받았다면 대접이 아니라 아부입니다.

217

'사람들이 뭐라고 그럴까?' 사람들이 뭐라고 그러건
신경 쓰지 마세요. 그 사람들이 나를 조금이라도 신경 썼다면
그런 얘기 안 합니다. 신경 쓰지 않고 말하는 사람들 얘기에
정말 신경 쓰지 마세요.

218

작은 친절이 사람의 생각을 바꿀 수 있습니다. 작은 배려가 이웃의 심성을 새롭게 할 수 있습니다. 작은 믿음이 누군가의 절망을 삭일 수 있습니다. 작은 것이 결코 작은 일이 아닙니다.

219

베풂이 있는 곳에 사랑이 있고, 섬김이 있는 곳에 겸손이 있고, 나눔이 있는 곳에 희망이 있습니다. 이웃이 겪는 고난의 깊은 뜻은 나대신 겪는 고난이고 나를 깨우는 고난입니다.

220

모자라도 온전할 수 있고 넘쳐도 불완전할 수 있습니다. 온전은 그수준에 합당함입니다. 온전은 결코 완전 앞에 기죽지 않고 완벽 앞에 좌절하지 않습니다. 온전은 자신과 이웃에 대한 신실함입니다.

221

힘든 시간 속에서도 나보다 더 힘든 사람, 나보다 더 아픈 사람들이 많다는 것을 압니다. 더 힘겹고 더 어려운 상황에 놓여 있는 사람들과 더 심한 고통을 겪고 있는 수많은 사람에게 우리는 빚진 자들입니다.

내 고난은 남의 고난을 돕게 하고,
내 슬픔은 남의 슬픔을 품게 하고,
내 장애는 남의 장애를 배려하게 합니다.
내 형편과 처지가 바뀔 때는
언제나 남을 위한 뜻이 함께 담겨 있습니다.

223

"나는 복 받겠다고 남 주지 않는다.
나 자신 복이 되려고 준다."
릭 워렌의 얘기에요.
복이 되어 남 줘 보세요.
남 돕다가 내 문제 풀리는 경험을 해보세요.
나 자신 복이 되면 애타게 복 빌거나 복에 매달리지 않습니다.

224

나를 위로하는 능력으로 남을 위로하고,
나를 용서하는 능력으로 남을 용서하고,
나를 사랑하는 능력으로 남을 사랑합니다.
내게 없는 것으로 남을 못 섬깁니다.

내 형편과 처지를 바꾸기 위해서는
더 높은 자리와 더 큰 권력이 필요하고,
이웃의 형편과 처지를 바꾸기 위해서는
더 많은 배려와 더 깊은 사랑이 필요합니다.

226

남을 섬기다가 끝내 불행한 사람이 없고, 나를 섬기다 끝까지 행복
한 사람이 없습니다.

227

거저 받은 것이 너무 많은 사람은 나누는 것이 힘들지 않습니다. 큰 빚을 탕감 받은 사람은 내가 받을 작은 빚에 인색하지 않습니다. 사랑받지 못하고 용서받지 못해서 사랑하지 못하고 용서하지 못합니다.

228

서로 존중하면 의견이 일치하지 않아도, 생활방식이 달라도, 문제가 해결되지 않아도 함께 평온하게 지낼 수 있습니다.

관계는 배려다

229

이 세상 왔다 가는 것이 목적이 아니라
사람답게 사는 것이 목적입니다.
사람답게 사는 것, 사랑으로 서로 종노릇 하는 것입니다.
서로 종노릇하며 다투는 곳이 없고,
서로 주인노릇하며 다투지 않는 곳이 없습니다.

관계는 배려다

어제 동경에서 열린 하용조 목사님 추모예배에 다녀왔습니다. 다시 눈시울을 적셨지만 감사했습니다. 무엇보다 일본 교회가 그 헌신이 헛되지 않도록 마음을 모은 것이 감사했고, 11월 17일 일본 CGNTV 후원회를 공식 발족하기로 한 것에 감사했습니다. 어떻게 이런 열매가 열렸을까요. 마음을 나누었기 때문입니다. 하 목사님 메시지는 진심이었고 사랑이었고 도전이었습니다. "한국은 일본에 늘 사과를 요구한다는 점에서 교만했습니다. 원수를 사랑하라는 주님 말씀대로 살지 못했기에 회개합니다." 상상할 수 없었던 사과에 일본 목회자들이 충격을 받았습니다. 진심일까. 진짜일까. 3년을 지켜보다 끝내 마음을 열었습니다. 신뢰가 싹텄고 우정이 자랐습니다. 민감한 이슈에도 흔들리지 않는 꿋꿋함을 보입니다. 진정한 교제가 가능할까요? 사람은 불가능하지만 예수님은 가능합니다. 어둠을 뚫고 나가는 한 줄기 빛을 보고 왔습니다. 샬롬!

관계는 배려다

08

일은
축복이다

Work

성공, 실패, 격려

231

내가 가야 할 길이 분명한 사람은
남의 길이 아무리 화려해도 한눈팔지 않습니다.
한눈팔지 않으면 행복합니다.

232

능력 있는 사람에게 일을 맡깁니다.
믿음직한 사람에게 더 큰 일을 맡깁니다.
지혜로운 사람에게 가장 큰 일을 맡깁니다.
어떤 일을 맡고 계세요?

233

무슨 일이건 내 일처럼 하는 사람은 일생 CEO입니다.
남의 일처럼 하는 사람은
왜 인생이 이렇게 안 풀리는지 평생 불만입니다.
힘들고 부당한 대접을 받더라도 내 일이면 견딜만합니다.
오늘도 웃음을 잃지 말고 일하세요.

일은 축복이다

234

돈으로 되는 일이 많습니다.
그러나 돈으로 안 되는 일도 많습니다.
돈 없이 할 수 없는 일이 많습니다.
그러나 돈 없이 할 수 있는 일도 참 많습니다.
돈으로 하는 일은 갈수록 시들합니다.

235

능력은 책임입니다. 큰 능력은 큰 책임입니다.
나이도 책임입니다. 더 많은 나이는 더 많은 책임입니다.
경험도 책임입니다. 남다른 경험은 남다른 책임입니다.
성숙은 책임의 자각이며 자발적 책임감입니다.

일터에서 일도 관계도 다 좋
으면 최상입니다. 그러나 일
은 도와줄 수 있지만, 관계는
도와주기 어렵습니다. 관계
는 내 성품의 그림자인데 누
가 내 부족한 성품을 채우겠
어요?

237
되면 되고 말면 말고… 안 됩니다.
호랑이가 토끼를 쫓아도 온 힘을 다합니다.
모든 성취는 목숨 건 이야기입니다. 할 만한 가치 있는 일이고
내가 해야 할 일이라면 몸과 마음을 다하세요.

인생은 선물이다

일은 축복이다

238

자본주의는 돈이 질서를 만드는 세상입니다. 그래서 돈을 이긴 사람들이 없다면 가장 천박한 질서입니다. 돈을 어떻게 이겨요? 돈이 없어도, 돈이 안 되도, 돈을 안 줘도 하는 일을 가지세요. 주말에는 그런 일에 관심을 가져 보세요.

239

잡스, 워즈니악과 함께 1976년 애플을 세운 웨인은 창업 11일 만에 지분 10%를 8백 달러에 되넘겼습니다. 현시가로 220억 달러. 그의 후회는 돈보다 큽니다. "역사의 중심에 있을 때 내가 그곳에 있다는 것을 몰랐습니다." 우리도 그 현장에 서 있습니다.

240

사랑 없이 일하는 것은 몸을 불태워도, 가진 것을 다 쏟아 부어도 유익이 없습니다. 후에 조직의 쓴 맛이니 배신이니 불평합니다. 퇴직하고 깨달으면 너무 늦지 않나요?

241

이 일을 할 것인가 말 것인가 어떻게 결정하세요? 제가 사랑하는 분의 기준입니다. 할 돈이 있나 없나, 도와줄 사람이 있나 없나, 내가 할 능력이 있나 없나, 이익인가 손해인가, 힘든가 쉬운가… 아닙니다.
이 일이 세상에 꼭 필요한가 아닌가를 생각합니다.

242

하던 일을 바꿔서 행복한 사람보다
일하는 태도를 바꿔서 행복한 사람이 훨씬 많습니다.
태도는 덤으로 인생의 고도까지 바꿉니다.

243

희망으로 일을 시작하고, 믿음으로 일을 계속하고,
인내로 일을 마칩니다.

244

힘겨운 월급 받고 살면 월요병이 생기고,
아까운 월급 주고 살면 휴일병이 납니다.
월급에 묶이지 않으면 기쁘지요.^^

일은 축복이다

245

내 힘에 부치고 내 능력에 넘치는 일이 주어지는 까닭은
내가 업그레이드 될 때가 되었다는 사인입니다.
피하고 도망가면 제자리걸음입니다.

246

좋은 뜻으로 말하고 좋은 의도로 일하다가 낙심하지 마세요.
선의는 언젠가 반드시 되돌아옵니다.

247

능력이 부족해서 못하는 일이 있고 열정이 모자라서
못하는 일은 있어도 시간이 없어서 못할 일은 없습니다.
시간은 마음먹으면 생겨나고 늘어나고 주어집니다.

248

일터에서 일을 배우고 인격을 따를만한 상사가 없으면
내가 그런 사람이 되거나 아니면 그곳을 떠나야 합니다.
불평으로 소일하면 내가 어느 날 불평했던
바로 그 상사로 변해 있습니다.

249

재능을 합쳐서 일하는 것보다 마음을 합쳐서 일하는 것이 더 값집
니다. 재능이 모이면 직장을 움직이고 마음이 모이면 세상을 움직
입니다.

250

꿈은 일을 시작하고, 열정은 일을 계속하며, 소통은 함께 일하지만,
일을 끝내는 것은 인내입니다.

251

무능한 사람과 유능한 사람의 차이는 힘들고 어려운 일이 없기를 바라는 사람과 힘들고 어려운 일을 감당하기를 바라는 사람의 차이입니다.

252

돈 때문에 일하는 사람은 돈 안 생기면 일 못하고, 사람 때문에 일하는 사람은 사람 바뀌면 일 안 하고, 야망 때문에 일하는 사람은 탐욕이 꺼지면 일도 끝이지만, 꿈 때문에 일하는 사람은 변함없이 일합니다.

253

쉼 없는 분주함은 소란스럽고,
분주함 없는 쉼은 게으릅니다.

인생은 선물이다

내가 적임자가 아니라고 사양하는 것이 겸손이 아닙니다.
내가 그 일 할 수 없다고 고사하는 것이 겸손이 아닙니다.
일이 주어질 때 두렵고 떨리는 마음으로
시작하는 것이 겸손입니다.
순종이 겸손입니다.

일은 축복이다

255

능력 때문에 성공한 사람보
다 끈기 때문에 성공한 사람
이 더 많습니다.

256

끝이 없는 바다, 끝이 있습니다. 끝이 없는 평원, 아니 끝이 있습니다. 끝이 없는 고난, 아닙니다. 반드시 끝이 있습니다. 내 시야가 좁아 끝이 안 보일 뿐입니다. 오직 인내가 끝을 보는 혜안입니다.

257

산은 높을수록 위험하고, 자리는 높을수록 불만이고, 인기는 높을수록 불안합니다. 낮으면 안전하고 평안하고 담담한데 왜 그토록 높은 곳에 목숨을 겁니까? 높은 곳은 쉴 곳도 없습니다.

258

버핏은 돈을 벌어 성공한 것보다 번 돈을 포기해서 성공했습니다. 진정한 성공은 세상의 기준을 넘습니다. 그 성공은 사실 포기입니다. 위대한 성공은 위대한 포기입니다. 그 영향력은 사람의 계산을 넘습니다.

259

위기가 없다면 기회도 없습니다. 위태로움이 없다면 안정도 없습니다. 위험이 없다면 위대함도 없습니다. 광야가 없다면 새 길도 없습니다.

260

인생의 성공과 실패에 대해서만은 분명한 내 기준을 가지세요. 없으면 일생 다른 사람들이 정한 성공과 실패의 기준에 묶여 삽니다.

261

인생에 새로운 시도가 없다면 결코 실패하지 않습니다. 단 한 번도 실패하지 않은 인생은 결코 새롭게 시도해 보지 않은 때문입니다.

262

"시련은 있어도 실패는 없다." 아산의 도전정신입니다. 실패는 하다 그만 둔 것이고 성공은 끝까지 한 것입니다. 실패는 포기의 다른 이름이고 성공은 포기의 포깁니다. 성공의 보상은 성공 자체보다 자신과의 약속을 지켰다는 사실입니다.

인생은 선물이다

263

인생의 보람은 어디까지 올
라가느냐에 달려 있지 않고
어디서 출발했느냐에 달렸습
니다. 높은 도약대에서 시작
하고도 얼마나 추락합니까.
바닥은 언제나 가장 큰 가능
성입니다.

264

게으른 사람은 게으르다 망하고,
빚을 두려워하지 않는 사람은 빚으로 망하고,
입만 열면 욕하는 사람은 욕하다 망합니다.
그리고 나중에 왜 망했는지 모릅니다.

265

진정한 도전은 내 힘으로 할 수 없는 일에 도전하는 것이고,
진정한 겸손은 그 도전으로 얻은 것조차
기꺼이 내려놓는 것입니다.

266

실패는 다 실패가 아닙니다.
시도 자체가 이미 성공입니다.
인생에는 버려야 할 성공도 있고 취해야 할 실패도 있습니다.

일은 축복이다

267

최경주 선수의 '한 계단 철학'은
인생 서두르지 말라는 충고입니다.
"성공하고 싶을 때 한 계단씩 올라가세요.
그래야 내려올 때도 한 계단입니다."
욕심으로 서너 계단 뛰어오르는 사람은
네댓 계단 굴러 떨어지기 쉽답니다. 맞습니까?

인생은 선물이다

일은 축복이다

268

제가 실패해 봤냐고요? 아버지로부터 버림받았고, 자살을 시도했고, 30여 년 술독에 빠졌고, 셀 수 없는 잘못을 저질렀습니다. 47살에 예수 믿어 보기로 결정하고 내 인생 주인 자리에서 내려왔습니다. 이후로… 평안합니다.

269

실패한 사람들은 안 된다고 말합니다. 성공한 사람들은 된다고 말합니다. 모두 자신의 경험을 얘기합니다. 어떤 경험이 필요합니까? 안 된다는 사람 얘기는 실패를 피하는 데 참고만 하세요.

270

목적이 없는 성공은 추락의 문턱에 서 있는 것이고, 목적이 분명한
실패는 성공의 입구에 들어선 것입니다.

271

포기하지 않으면 헛된 것은 없습니다. 나를 쓰는 큰 손에 붙들리면
깨어진 인생도 헛되지 않습니다. 오히려 부서졌기에 더 아름답게
빚어집니다. 산산조각 났더라도 그 손에서 걸작으로 거듭납니다.

272

선한 의도를 갖고 실패하는 것이 악한 마음을 품고 성공하는 것보다 낫습니다. 높은 목표를 갖고 실패하는 것이 낮은 목표를 성취하고 안주하는 것보다 낫습니다. 인생에는 성공보다 나은 실패가 있습니다.

273

창의적으로 생각하는 사람은 새로운 실수를 시도하고, 생각 없이 사는 사람은 같은 실수를 반복하고, 해서 안 될 생각을 하고 사는 사람은 온갖 실수를 더합니다.

눈뜨면 일어나는 사람은 산 사람입니다. 쓰러질 때마다 일어나는 사람도 살아 있는 사람입니다. 살다가 누구나 쓰러지지만 우리가 살아 있다면 반드시 일어나야 합니다. 일어나세요! 힘 내세요!

275

지금 어둠은 동터 올 새벽의 사인입니다.
지금 내리막은 곧 나타날 오르막의 사인입니다.
지금 고난은 다가올 축복의 사인입니다.
사인의 뜻을 알면 주저앉지 않습니다.

276

실패해서 넘어진 것이 아니라 일어서지 않아서 실패합니다.
성공은 실패할 때마다 다시 일어서는 삶의 태도와 선택입니다.
다시 분연히 떨치고 일어나세요!

277

내가 힘들다고 그 문제가 반드시 어려운 것은 아닙니다.
내가 해결할 수 없다고 문제의 답이 없는 것도 아닙니다.
내가 비록 절망 가운데 있다 해도
그 상황이 반드시 절망적인 것은 아닙니다.

278

"열심히 하면 따돌림 당합니다. 가만있으면 중간은 하는데…."
왕따가 되어도 멈추지 마세요.
달리다가 넘어지는 꼴찌가 가만있는 중간보다 낫습니다.
무모해 보이는 왕따가 세상을 바꿉니다.

09

인생은
선물이다

Life

꿈, 행복, 평안

279

얼굴을 펴면 인상이 달라지고, 가슴을 펴면 인물이 달라지고, 생각을 펴면 인생이 달라집니다. 찌푸리고 웅크리고 접지만 않아도 인생에 다른 길이 열립니다.

280

문제가 해결되어서 웃는 것이 아니라, 웃다가 문제 해결을 경험합니다. 자주 웃기만 해도 많은 문제가 풀리고 꼬인 인생이 풀립니다.

281

잘 살고 싶으세요? 날마다 겪는 크고 작은 일들을 찬찬히 살펴 그속에 담긴 의미를 찾으세요. 의미 없는 사건은 없습니다. 인생이 해석되면 고통도 고난도 견딜만하고 훗날 오히려 감사합니다.

282

꽃이 좋으세요? 저도 꽃 좋아합니다. 그러나 꽃의 목적은 열매 맺는 것이고, 꽃이 져야 열매가 맺힙니다. 꽃이 시들고 떨어지면 드디어 열매 맺는구나 여기세요. 인생, 꽃보다 열매에 집중하세요.

인생은 선물이다

"문이 하나 닫히면 다른 문이 열립니다."
인생의 모든 문이 닫히는 법은 없습니다.
'문은 없다', '문은 열리지 않는다'는 편견을 지닌 사람은
문을 열어보지 못한 채 복도에서 일생을 마칩니다.

인생은 선물이다

284

잘 사는 것 같은데도 영혼이 목마를 수 있습니다. 시든 영혼이 날마다 신음합니다. 일상에 평안함을 잃었다면 인생 표지판을 다시 점검하라는 사인입니다.

285

"기회만 되면 이런 삶에서 벗어나고 싶습니다." 이런 사람에게 그런 기회는 좀처럼 오지 않고 그런 삶에서 좀체 못 벗어납니다. 하지만 그런 삶에서 당장 벗어나면 신기하게도 새로운 기회가 열립니다.

286

질문은 지성을 낳고, 침묵은 영성을 낳습니다. 회의는 지성으로 이끌고, 믿음은 영성으로 인도합니다. 둘은 반드시 인생에서 만나야 합니다.

287

당신이 감당할 수 없는 일에 도전하세요. 반드시 도움이 따릅니다. 당신이 혼자서도 충분히 할 수 있는 일을 왜 돕겠습니까. 당신이 할 수 없는 일에 도전하는 길이야말로 인생을 업그레이드하는 지름길입니다.

288

자랑하는 사람이나 자학하는 사람이나 내가 나를 증명하겠다는 것이어서 피곤하고 힘들기는 마찬가집니다. 인생은 누군가에게 증명해야 할 만큼 값싸지 않습니다.

289

속으면 돈을 손해 봅니다.
과로하면 건강을 손해 봅니다.
거짓말하면 인격을 손해 봅니다.
믿음을 잃으면 영혼이 손해 봅니다.
인생에 얼마나 손해 보며 사시나요.

290

일생 내가 누구인가를 증명하려고 애쓰는 삶이
얼마나 힘겹고 안쓰러운지 우리는 이 땅에 태어날 때
이미 증명되었습니다.
사람의 인정에 목숨 걸다 목숨 잃습니다.

291

"심판 판정이 부당할 때가 반드시 있습니다.
하지만 그것도 경기의 일부지요." 이영표 선수의 말입니다.
심판의 부당한 판정에 묶이면 경기 전체를 놓치고,
인생의 부당한 대접에 묶이면 인생 전체를 놓칩니다.

인생은 선물이다

292

불의를 미워하다 불의의 늪에 빠지고, 부정을 비난하다 부정의 덫
에 걸리고, 부패를 질타하다 부패의 구덩이에 떨어지는 것보다 더
안타까운 인생이 없습니다.

293

인생, 부당하게 비난 받을 때 어떻게 반응합니까? 억울한 일을 겪
을 때 어떻게 변호합니까? 뜻밖의 손해를 볼 때 어떻게 대응합니
까? 누구를 따르기로 마음먹었느냐에 따라 달라집니다.

294

꿈이 있으면 모든 어려움은 과정입니다. 꿈이 없으면 모든 고난은 불운입니다. 내가 불행하다고 느끼는 것은 고난보다 더 큰 꿈이 없어서입니다.

295

꿈, 이루어졌을 때 나는 행복한데 남이 불행하면 꿈이 아니라 야망
이고 탐욕입니다. 다른 사람의 평범한 꿈을 빼앗아 나의 비범한 꿈
을 이루고 행복한 사람은 없습니다.

296

내 꿈이 이루어지면 행복합니다. 내가 사랑하는 사람의 꿈이 이뤄지면 더 행복합니다. 사랑하면 내 꿈을 포기해서라도 그의 꿈을 이루고 싶습니다. 사랑은 '꿈 너머의 꿈'입니다.

297

누군가 해치고 싶으세요? 꿈을 접도록 말하세요. 열정을 꺼뜨리세요. 불붙은 가슴에 찬물을 끼얹으세요. 중독에 대한 갈망을 심어 주세요. 가장 큰 해악이고 가장 독한 복수입니다.

298

숫자에 현혹되지 마세요. 정말 숫자는 숫자일 뿐입니다. 나이 보세요. 애 늙은이가 없나요? 재산은요? 돈 많은 거지가 얼마나 많은지 몰라요. 비록 나이 들고 돈이 없어도 세상을 품는 꿈을 꾸며 왕처럼 사세요. 힘들겠지요. 그러나 애쓸 가치가 있지 않나요?

인생은 선물이다

299

꿈을 품은 사람과 야망을 품은 사람은 다릅니다.
꿈은 열정을 주고, 야망은 탐욕을 줍니다.
꿈을 좇는 사람은 단순해지고, 야망을 좇는 사람은 복잡해집니다.
꿈은 나도 남도 살리고, 야망은 나도 남도 상하게 합니다.

300

유자의 꿈은 유자청이 아니었습니다.
레몬의 꿈은 레모네이드가 아니었습니다.
그러나 사람 손에 붙들리면
유자나 레몬 자신의 꿈이 무슨 소용입니까?
내 꿈보다 나를 붙드신 분의 꿈이 더 중요합니다.

301

부서진 곳, 무너진 곳, 냄새 나는 곳, 썩은 곳이 내 눈에 보였다면 나를 부르는 곳입니다. 그곳은 나 때문에 회복될 수 있다는 부름입니다. 그 부름이 부담감이며 소명입니다. 그 소명 못 들으면 불평하고 비난하다 인생 끝납니다.

302

끼니를 걸러도 괜찮습니다. 모욕을 당해도 화내지 않습니다. 아무리 힘들어도 말없이 견딥니다. 내 실수에 엄하고 다른 사람 실수에 너그럽습니다. 넘어져도 웃으면서 일어납니다. 그는 비전의 사람입니다.

303

내 꿈을 노래하지 않으면 평생 남의 가락에 장단 맞추고, 영원한 것을 꿈꾸지 않으면 일생 잠시 있다 사라지는 것들에 묶입니다.

304

희망을 품으면 희망이 나를 이끌어가고, 절망을 품으면 절망이 나를 이끌어갑니다. 품기까지는 내가 주인이고 품고 나면 내가 종입니다.

305

날마다 내 안의 깊은 동기를 점검하지 않으면 어느 날 내가 도대체 왜 이 일을 하고 있는지 모르게 됩니다. 나는 지금 이 일을 왜 하고 있으며 이 사람들을 왜 만나고 있습니까?

306

소명을 붙들면 소명이
생명을 붙들어 소명이 다해야 생명도 다합니다.
사람에게는 소명이 생명이고 생명이 소명입니다.

307

열정보다 값싼 자원이 없고, 열정보다 값진 자원이 없습니다.
진정한 열정은 꺼지지 않는 불입니다.

308

누구에게나 기회는 오지만 누구나 준비하지 않습니다.
기회를 바란다면 기회가 온 것처럼 준비하면 됩니다.
기회보다 언제나 준비가 먼저입니다.

"행복하게 살고 싶습니다." "정말 행복해지고 싶으세요?" 그럼 제가 물을게요. "정말 원하는 것이 무엇인가요?" 수많은 사람이 원하는 것 말고 그대 마음속 깊고 깊은 곳에서부터 쉴 새 없이 원하는 것, 그걸 발견하면 영원에서 영원까지 행복합니다.

310

행복과 불행, 가진 것 못 가진 것보다도 오히려 겸손과 교만에 달렸습니다. 겸손하면 불행하기가 어렵고, 교만하면 행복하기가 힘듭니다.

311

있고 없고는 나 밖의 일이고, 족함과 부족함은 내 안의 일입니다. 아무리 없어도 족할 수 있고, 아무리 많아도 부족할 수 있습니다.

312

유능하고 성공해서 행복한 것이 아니라 삶의 우선순위가 바르기 때문에 행복합니다.

313
적은 돈으로 행복하게 살 수 있는 길을 모르는 사람은
많은 돈을 갖고도 불행한 길을 달려갑니다.

314

돈이 없어 불행하면 돈이 있어도 불행하고,
힘이 없어 불행하면 힘이 있어도 불행하고,
무명해서 불행하면 유명해도 불행합니다.
불편을 불행의 기준으로 삼으면 일생 불행합니다.

315

하고 싶은 일 다 할 수 없어서 다행입니다.
가고 싶은 곳 문이 잠겨 다행입니다.
원하는 것 다 얻지 못해 참 다행입니다.
지금은 어찌 알겠습니까.
막힌 것이 다행이고, 닫힌 것이 복이고, 빼앗긴 것이 선물임을….

316

가난한 마음을 지닌 사람, 애통한 사람,
온유한 사람, 의로운 사람, 사람을 불쌍히 여기는 사람,
마음이 깨끗한 사람, 화해자가 되는 사람,
옳은 일로 손해 보는 사람, 성경이 말하는 복 있는 사람입니다.

인생은 선물이다

갈까 말까, 가세요! 도울까 말까, 도우세요! 끊을까 말까, 끊으세요! 더 힘든 편을 택하면 마음이 가볍습니다. 평안은 흔히 편안 반대편에 있습니다. 평안, 결코 돈으로 셀 수 없는 가치입니다.

318

더 가져서 행복한 것이 아니라 부족감과 불안감을 다스려서 행복하고, 더 잘나서 평안한 것이 아니라 자만심과 시기심을 다스려서 평안합니다.

319

큰 목소리는 주목해 달라는 요구이자 인정해 달라는 하소연입니다. 뜻밖에 사람들이 알아보고 알아줘도 행복하지 않습니다. 사람들이 날 이렇게 생각하겠지, 허상에 갇힐 뿐입니다. 홀로 앉아 허상의 껍질을 벗겨보세요. 평안이 밀려옵니다.

320

나보다 남이 크면 불안하고,
남보다 내가 크면 불만이고,
나나 남이나 같으면 평안합니다.
내가 더 크고 중요해지려고 애쓰는 동안은…
평안이 없습니다.

321

평화는 전쟁과 전쟁 사이의 휴식일 뿐입니다.
전쟁의 아우성이 멈춘 시간이 길거나
짧을 수는 있어도 아주 사라진 적은 없습니다.
위기 앞에 분열해서 전쟁을 불렀고,
위기 앞에 단합해서 평화를 지켰습니다.

322

날마다 만나는 가족과도 천국을 이루지 못하는데
가끔 만나는 남들과 어떻게 천국을 만듭니까?
지금 이곳에 내가 있어 천국이 되지 않으면
천국도 나 때문에 위태로워집니다.

323

항상 기뻐하고 모든 것에 감사하고
무슨 일이건 기도하면 세상이 그의 목숨을 앗아갈 수는 있어도
그의 평안을 앗아갈 수는 없습니다.
그 평안은 세상이 줄 수도 알 수도 없는 평안입니다.

인생은 선물이다

진리는
값이 없다

Truth

죽음, 시간, 고난, 영원

324

진리의 세계에서 진짜 가짜의 구별은 쉽습니다.
가짜는 언제나 돈을 요구하고, 진짜는 언제나 공짭니다.
값을 따질 수 없어 공짜고, 지불할 능력이 없어 공짭니다.
진리는 거저 받고 거저 전합니다.

인생은 선물이다

325

비본질은 본질의 그림자입니다.
그림자는 아무리 좇고 아무리 붙잡아도 허상입니다.
허상은 결코 생명이 아닙니다.

326

신이 있다 없다 논쟁할 일이 아니라 있으면 누리며 살고,
없으면 침묵하면 됩니다.
누리지도 못하면서 있다고 주장하면 무슨 소용이며
없이 살면서 없다고 목청을 높이면 뭐합니까.

진리는 값이 없다

327

빛이 짙으면 그늘도 짙습니다. 어둠이 짙어 빛은 더욱 빛입니다.

328

걸핏하면 스스로 과대평가하거나 아니면 과소평가하는 두 갈래
빗나간 길에서 진리는 우리 자신을 돌이키는 유일한 기준입니다.

인생은 선물이다

329

무엇에 목마르세요? 탄산음료는 마실수록 목마릅니다. 술도 갈증을 더합니다. 생수만이 목마름을 해갈합니다. 가짜는 더 목마르게 합니다. 가짜는 더 허기지게 합니다. 진짜를 찾으세요. 진짜가 진리고 진리가 우리를 자유롭게 합니다.

330

진실은 주장하지 않습니다. 주장할 필요가 없기 때문입니다. 진실은 그래서 늘 상반되는 주장 사이 어딘가에 조용히 있습니다.

진리는 값이 없다

331

사랑 없는 정의는 폭력의 다른 얼굴입니다.
한 사람은 살고 한 사람은 죽어야 한다면 반쪽 정의입니다.
둘 다 살아야 온전한 정의입니다.
온전한 정의는 제로섬이 아니라 윈윈입니다.

332

진짜보고 진짜라면 부끄러워하고
진짜보고 가짜라면 웃고 말지만,
가짜보고 진짜라면 반색을 하고
가짜보고 가짜라면 화를 냅니다.

333

아무리 십자가를 목에 걸고
십자가를 그리며 기도하고 십자가를 높이 세워도
나를 고집하는 십자가는 예수와 상관없습니다.

334

버림 받았다고 느끼는 사람은 있어도 버려진 사람은 없습니다.
세상이 뭐라고 해도
내가 나를 버리지 않는 한 버려지지 않습니다.
신은 결코 버릴 사람을 이 땅에 보내지 않는데
왜 내가 나를 버립니까.

335

종교인은 성소에서 예배를 드리는 것으로 끝이고, 신앙인은 삶의
자리에서 예배를 이어갑니다. 그래서 종교인은 성소를 거룩하게
하고 신앙인은 삶의 자리를 거룩하게 합니다.

336

종교는 성지를 만들고 신앙은 성지를 버립니다. 성지 찾는 종교는
길을 잃고, 성지 버린 신앙은 길을 찾습니다. 성지에 영원은 담기지
않습니다.

진리는 값이 없다

337

십자가 외에 더 구할 것이 있다면 교회가 아닙니다. 십자가만으로
부족한 것이 있다면 기독교가 아닙니다. 예수가 인간에게 준 복은
십자가가 전부입니다.

338

우리 모두 교도소 담장 위를 걷고 있어 안으로 떨어지면 교도소이
고 밖으로 떨어지면 세상입니다. 세상에 100% 의인은 없으니 다만
갇힌 죄인과 돌아다니는 죄인, 돌이킨 죄인과 아직 돌이키지 못한
죄인이 있을 뿐입니다.

케이프타운에서 사모 블레싱 집회를 마쳤습니다. 얼마나 감사했는지 모릅니다. 얼마나 감동이었는지 모릅니다. 한 순간 몸의 병이 낫는 것보다 얼어붙은 마음이 녹고 갈라진 마음들이 하나 되는 것이 더 큰 기적이었습니다. 겉보기에 아무것도 달라진 것이 없는 것 같지만 내 안에서 새롭게 뜨거운 것이 솟아올라 어제와 다른 오늘을 살겠다는 열정과 결단에 사로잡히는 것이 더 아름다운 기적이었습니다. 우리는 다 목마릅니다. 더 많은 사랑, 더 큰 은혜, 더 놀라운 축복에 목마릅니다. 그러나 그릇이 깨끗하지 않아 귀한 것을 담을 수 없다면 어떻겠습니까. 주는 이도 줄 수 없어 안타깝고 받는 이도 받아보아야 소용이 없다면 어떻겠습니까. 아침부터 밤까지 말씀을 나누며 우리는 모두 정결함을 맛보았습니다. 사실 정결함이란 세상이 갈망하는 것과 본질적으로 다른 것을 추구하는 데서 시작하며, 진리의 메시지가 쉼 없이 흘러야 지켜지는 것이지요. 넘치도록 풍성한 사랑을 부어주신 주님께 오늘은 윙크를 보내며 속삭입니다. "주님! 사랑해요! 그리고 정말 감사해요!"

진리는 값이 없다

340

죽어 가는데… 죽어 가는데… 날마다 죽어 가는데…
우리는 서로 사랑하지 못합니다.
내일 내가 죽는다면 오늘 뭘 할지 생각해 보세요.
당장 사랑하는 사람에게 달려가지 않겠어요?

인생은 선물이다

341

나는 누구인가, 나는 어디서 와서 어디로 가나,
나는 왜 사나, 나는 무엇을 하며 살아야 하나.
일생 피할 수 없는 질문입니다.
재앙과 죽음은 언제나 삶의 본질을 묻습니다.

342

안락한 곳, 편안한 자리, 화려한 직책, 풍요로운 삶…
소리 없이 죽어가는 자리입니다.
결단하고 떠나야 삽니다.
그 자리에 있어도 떠나는 사람이 있고,
그 자리를 떠나서도 여전히 머물러 있는 사람이 있습니다.

343

사소한 것에 목숨을 걸기에
는 인생이 너무 짧고, 하찮은
것에 기쁨을 빼앗기기에는
오늘이 너무 소중합니다.

344

때늦은 후회라도 돌이키는 것이 가던 길 계속 가는 것보다 낫습니다. 하루를 살아도 방향이 옳고, 한 순간을 살아도 영원의 시간을 걷기 시작하면 결코 늦지 않습니다. 영원은 일등도 꼴찌도 없는 시간입니다.

345

내 인생 최악의 시간을 기억하면 다시 일어서기가 힘들지 않습니다. 내 인생 최고의 시간을 기억하면 다시 시작하기가 쉽지 않습니다. 그 짧았던 절정을 기준 삼으면 일생 과거에 묶입니다.

젊다고 모든 일을 할 수 있는 것은 아니지만
나이 들어서는 결코 할 수 없는 일이 있고,
나이 든다고 다 아는 것은 아니지만
젊어서는 결코 알 수 없는 일이 있습니다.
나이 무시하지 마세요.

인생은 선물이다

347

현재가 영원한 시간이 되지 않으면
현재는 가상 시간입니다.
현재를 영원의 시간으로 살지 않으면
현재는 과거나 미래일 뿐입니다.
현재는 영원 안에서만 현재이며,
영원은 현재 속에서만 영원입니다.

348

반 즈네프가 주목한 인간의 통과의례는
출생, 입학, 취직, 결혼, 죽음입니다.
통과의례의 첫 조건은 과거와의 결별입니다.
과거가 떠나야 미래가 옵니다.
과거를 통과해야 미래로 들어갑니다.
과거가 죽어야 미래가 탄생합니다.
오늘은 어제의 미래입니다.

349

미래를 현재로 살지 않으면 미래로 못 갑니다.
미래로 가는 유일한 길은 미래를 지금부터 사는 길입니다.

350

친구는 내 눈 위의 사람을 찾고
배우자는 내 눈 아래 사람을 찾아야 한다는데
거꾸로 살다가 젊음이 아득히 흘러갔네.

351

고독과 고통과 고난은 인생의 걸림돌이 아니라 디딤돌입니다.
훗날 그 덕에 체질이 바뀌고 인격이 바뀌었음을 깨닫습니다.

352
생명은 선물입니다.
단 고통과 함께 받는 선물입니다.

353

고통과 고난 없는 삶은 없습니다.
고통은 인생에 꼭 필요한 선물입니다.

354

사랑과 믿음과 비전은 고난 없이 확인되지 않습니다.
고난은 인생의 선택이 아니라 필숩니다.

355

고통은 축복입니다.
조심하라는 경고이고, 반복하지 말라는 충고이며,
잊지 말라는 손길입니다.

356

지난주일 말라리아로 의심하지 않았으면 아무리 고열이라도 응급실로 오지 않았을 겁니다. 주의 일하다 병 하나를 얻는구나 생각하며 병원으로 왔더니 폐렴이었습니다. 평소 심장이 나빠 함께 검사하다 혈관 두 곳이 심하게 막혀 있어 바로 수술을 받았습니다. 결코 무리해서 안 될 형편이었다는 것이 의료진 얘깁니다. 순간 깨달았습니다. 돌아보니 남아공 집회 다녀오지 않았다면, 모기에게 물리지 않고 돌아왔다면, 갑작스런 고열에 시달리지 않았다면, 말라리아로 의심하지 않았다면, 심장센터에 병실을 잡지 않았다면, 6년 전 심장수술을 강권했던 바로 그 의사를 만나지 않았다면, 아내가 검사를 고집하지 않았다면… 수술 받지 않은 채 계속 무리했겠지요. 중환자실을 떠나며 거듭 확인합니다. 믿음 안에서 또 사랑 안에서 모든 것이 합력하여 반드시 선을 이룬다는 것을. 우리 모두 그리고 모든 상황이 그분의 뜻 안에 있음을 보면서 변함없는 음성을 듣습니다. "내가 세상 끝날까지 항상 너희와 함께하리라." 아! 그 사랑을 페친 모두에게 전합니다.

진리는 값이 없다

357

이 땅에 영주권은 없습니다. 이름이 영주권이라도 실제는 체류비자입니다. 우리는 모두 때가 되면 떠나야 합니다.

358

죽음이 기억되면 죽어도 산 것이고, 삶이 잊혀지면 살아도 죽은 것입니다. 짐승은 가죽을 남기고 사람은 기억을 남깁니다. 연평도와 천안함의 아들들을 기억합니다. 그들이 살아야 할 세상을 기억합니다.

359

죽음으로 생명은 끝나지 않습니다. 죽음으로 생명은 시작됩니다. 새 생명은 언제나 죽음으로 탄생합니다. 씨앗의 죽음은 나무의 출생이고 유충의 죽음은 성충의 비상이며 우리의 죽음은 새 생명의 잉태입니다.

360

돌아가다, 참 좋은 말입니다. 고향이 있기에 돌아갑니다. 돌아갈 수 있기에 고통과 슬픔을 넘어 소망을 갖습니다. 간밤에 77년 생애를 마무리한 장모님이 떠나는 것을 지켜보면서 본향에서 다시 만날 날을 기다립니다.

진리는 값이 없다

361

잘 죽는 길은 잘 사는 길밖에 없습니다.
잘 사는 길은 잘 죽겠다는 결심밖에 없습니다.
그래서 죽고 사는 길, 둘이 아니라 하납니다.

362

삶에 대한 소망이 없어 죽음을 택하는 것이 아니라
죽음에 대한 기대가 없어 삶을 포기하는 것입니다.
삶과 죽음은 나눌 수 없는 한 여정입니다.

363

여행은 목적이 있는 길이고, 방랑은 목적이 없는 길입니다.
여행자는 돌아오기 위해 떠나고,
방랑자는 갈 곳이 없어서 떠납니다.

364

살아 있다는 것은 누군가에게 도움이 되고 있다는 뜻이고,
죽어 간다는 것은 아무에게도 도움이 되지 않는다는 뜻입니다.
살아도 죽은 사람이 있고, 죽어도 산 사람이 있습니다.

진리는 값이 없다

365

돌아갈 곳이 있으면 인생은 여행이고
돌아갈 곳이 없으면 인생이 방황입니다.
돌아갈 날을 기대하며 기다립니다.

조정민의 twitter · facebook 잠언록2

인생은 선물이다

지은이 | 조정민
초판 발행 | 2012년 1월 30일
25쇄 발행 | 2014년 6월 20일
등록번호 | 제3-203호
등록된 곳 | 서울특별시 용산구 서빙고동 95번지
발행처 | 사단법인 두란노서원
영업부 | 2078-3333   FAX 080-749-3705
출판부 | 2078-3477

책 값은 뒤표지에 있습니다.
ISBN 978-89-531-1707-5   03230

편집부에서 독자의 의견을 기다립니다.
tpress@duranno.com   http://www.Duranno.com

두란노서원은 바울 사도가 3차 전도여행 때 에베소에서 성령 받은 제자들을 따로 세워 하나님의 말씀으로 양육하던 장소입니다. 사도행전 19장 8-20절의 정신에 따라 첫째 목회자를 돕는 사역과 평신도를 훈련시키는 사역, 둘째 세계선교 (TIM)와 문서선교(단행본 · 잡지) 사역, 셋째 예수문화 및 경배와 찬양 사역, 그리고 가정 · 상담 사역 등을 감당하고 있습니다. 1980년 12월 22일에 창립된 두란노서원은 주님 오실 때까지 이 사역들을 계속할 것입니다.